빛은 어떻게 생겼을까?

2013년 11월 10일 초판 1쇄

지은이 장 자크 그리프 | 옮긴이 하정희 | 그림 이일선
발행인 박형준 | 펴낸곳 도서출판 거인
출판등록 제 10-2363호
주소 서울시 마포구 상수동 93-45 로하스타워 803호
전화 (02)715-6857, 6859 | 팩스 (02)715-6858

편집책임 안성철

디자인 박윤선
마케팅 이희경 김경진 서하나

Tout est relatif comme dit Einstein
by Jean-Jacques GREIF

World Copyright © L'Ecole des Loisirs, 1999
Korean Translation Copyright © 2007, Giant Publishing co.,
This Korean edition is published by arrangement with L'Ecole des Loisirs
through Bookmaru Korea Literary Agency.
All rights reserved.

이 책의 한국어판 저작권은 북마루코리아를 통한
L'Ecole des Loisirs 와의 독점 계약으로 도서출판 거인이 소유합니다.
신저작권법에 의하여 한국 내에서 보호를 받는 저작물이므로 무단 전재와 복제를 금합니다.

빛은 어떻게 생겼을까?

지은이 장 자크 그리프
그림 이일선

거인

차례

친애하는 페기 학생에게 · 7 **E=mc²** · 51 영광과 비난 · 97

"나는 평화주의자입니다." · 141

친애하는
페기 학생에게

친애하는
페기 학생에게

1950년 6월 11일 프린스턴

페기라는 애칭으로 편지를 시작하자니 상당히 곤혹스럽네요. 무례하지만 양해해 주기 바랍니다. 내가 살았던 유럽에서는 이런 식으로 편지를 쓰는 일이 매우 드물지요. 격식대로 하자면 제대로 이름을 적어야 하겠지만, 내가 페기 학생에 대해서 아는 것이라곤 페기라는 애칭밖에는 없네요. 페기가 어떤 이름의 애칭인지도 모르겠고요.

어쨌든 그 때 식당은 꽤 붐볐어요. 페기 학생은 내가 앉아 있던 탁자로 와서 앉았지요. 그리고 그 즉시 나를 알아 보더군요. 내 얼굴은 전 세계에 알려져 있으니까요. 아인슈타인 교수가 프린스턴 대학에서 교수로 있다는 것은 1억5천만 미국 시민들이 다 아는 사실이죠.

페기 학생은 나를 쳐다보더군요. 한 손에는 햄버거를, 다른 한 손에는 우유 잔을 들고 식사를 하려다가 잠시 머뭇거리는 듯 했어요. 그러더니 느닷없이 이렇게 말했지요.

"선생님은 자신이 자랑스러우세요? 선생님의 원자폭탄으로 수백만 명이 죽었고 이제는 러시아인들도 원자폭탄을 만들었으니, 보나마나 러시아인들이 지구를 완전히 날려 버릴 거예요. 선생님이 그 멍청한 폭탄을 발명하던 날, 차라리 집에 계셨더라면 좋았을 것 같아요!"

"학생, 원자폭탄은 내가 만들지 않았어요."

그 때 난 이렇게 변명했지요.

나는 사람들이 '선생님의 원자폭탄'이라고 말하는 게 싫습니다. 정확히 말해서, 나는 사람을 죽이지도 않았을뿐더러……. 아무튼 페기 학생은 내게 화를 내고는 햄버거와 우유를 들고 다른 탁자로 자리를 옮기더군요. 페기 학생의 친구들은 환호성을 올렸죠.

"와우! 페기 잘 했어!"

덕분에 나는 페기 학생의 이름을 알게 됐지요. 아직 스무 살도 안 된 것 같더군요. 대학에서 보는 여느 미국 학생들과 아주 비슷했어요. 금발에 발그레한 얼굴을 하고 우유를 마시는 모습이 말입니다.

프린스턴 대학교
미국 프린스턴에 있는 사립대학. 하버드, 예일 대학과 함께 아이비리그라 불리는 미국 동부에 자리잡은 8개의 명문 대학 중 하나로 이 대학 출신 중 노벨상을 수상한 이가 31명에 이른다.

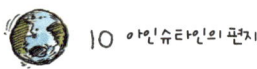

페기 학생이 내가 앉아 있던 탁자에서 일어났을 때, 나는 안도의 한숨을 내쉬면서도 한편으로는 약간 실망스럽기도 했어요. 페기 학생에게 무언가 대답을 하고 싶었거든요.

밤에는 잠이 잘 오지 않더군요. 오늘 아침에 자리에서 일어나며 나는 편지를 쓰기로 마음 먹었어요. 페기 학생에게 사실들을 있는 그대로 설명하고 내 자신을 변호하고 싶어서였죠. 이 편지를 통해서 나를 이해하게 되기를 바라며, 마음 한편으로는 페기 학생이 꾸짖었던 그 범죄에 대해서도 용서해 주었으면 하는 바람을 가져봅니다.

호기심 많은 아이

나는 1879년 3월 14일에 독일 남부지방에 위치한 울름에서 태어났습니다. 고향에 대해서는 그다지 아는 게 없어요. 내가 태어나고 1년 뒤에 부모님이 바이에른 주에 있는 뮌헨으로 이사를 갔으니까요.

내가 어렸을 당시의 바이에른은 평화롭고 매력이 넘치는 곳이었지만, 프로이센의 영향력이 점점 더 강해지고 있었던 시기였습니다. 프로이센의 수상인 비스마르크가 프랑스를 정복하기 위해서 주위의 많은 국가들을 하나로 통일시켰던 즈음이었죠.

프로이센
프러시아라고도 부른다. 유럽 동북부와 중부에 위치한 왕국이며 나중에 독일제국의 중심을 이룬다.

학교 친구들은 운동장에서 전쟁 놀이를 하며 모두들 군인이 되고 싶어 했어요.

나로 말하자면, 평화를 사랑하는 조용한 아이였죠. 친구들이 하는 거친 놀이에는 끼지도 않았어요.

언젠가 한 번은 군인들이 행진하는 모습을 부모님과 같이 보게 된 적이 있었죠. 그 때 이렇게 말했던 기억이 나요.

"난 커서 군인은 안 될 거예요."

나는 아버지의 공장에 가는 걸 좋아했어요. 직원들이 많지 않았으니까 공장이라기보다는 작업장이라고 부르는 편이 맞겠네요. 직원들은 전기 제품들을 생산했어요. 야코프 삼촌은 기술 책임자였고 아버지는 판매를 담당했죠.

아버지는 회사 운영에 지나치다 싶으리만치 무관심했어요. 그거야 어찌됐든, 나는 넋을 빼고 기계들을 구경했어요. 기계가 돌아가는 모습은 마치 마술 같았습니다. 나는 공장에서 일하고 있는 아저씨에게 원리를 물어 봤죠.

"아저씨, 어떻게 전기가 기계를 움직여요?"

"아, 그건 말이다. 엔진 속에는 전자기를 띤 자석이 있어. 전류가 그 자석 옆을 지나가면 자석이 움직이게 되지."

"그렇구나. 그런데 전기는 어디서 나오는데요?"

"당연히 발전기로 만들어 내지."

"발전기가 전기를 만든다고만 얘기하지 말고, 전기를 어떻게 만드는지 더 자세하게 얘기해 주세요."

아저씨의 대답은 나를 더욱 답답하게 했습니다.

"음, 그건 간단하지. 구리선 옆에서 자석을 돌리기만 하면 돼. 그러면 구리선에 전류가 생기지."

"전기를 만들기 위해서는 자석을 움직여야 하고, 자석을 움직이려면 전기를 사용해야 한다니. 다시 출발점으로 돌아왔잖아요?"

처음과는 달리 아저씨는 조금 당황한 것 같았습니다.

"음, 어떤 점에서는……. 그게 그러니까 말이야…… 아무튼 나중에 다 알게 돼. 학교에서 배울 거야."

사실, 나는 그 이전부터 마음속에 커다란 수수께끼를 하나 품고 있었죠. 내가 대여섯 살쯤 됐을 때, 아버지가 나침반을 선물로 주신 적이 있었어요. 나는 지겨운 줄도 모르고 몇 시간이고 나침반을 들여다보았답니다. 그 때 난 내 눈을 의심했어요. 바늘이 저 혼자 움직였으니까 말이에요! 나침반 상자를 이러저리 돌려봐도 바늘은 마치 안 보이는 어떤 힘에 끌리는 것처럼 언제나 처음의 자기 위치로 돌아왔죠.

나는 사물들을 관찰하는 일이 좋았어요. 내가 태어난 세상을 이해하고 싶었죠. 주의 깊게 관찰하고 곰곰이 생각을 하면 사물들이며 식물들이며 또 동물들이 내게 자신들의 비밀을 알려줄 것 같았어요.

나는 네 살이 될 때까지 말을 거의 하지 않았답니다. 아기들처럼 되는대로 아무렇게나 말하고 싶지는 않았어요. 나는 내가 들은 말들을 입술을 움직이며 조용히 따라했죠. 여덟 살인가 아홉 살이 될 때까지도 그 버릇은 계속돼서, 입술을 움직이면서 머릿속으로 하고 싶은 말들을 신중하게 준비했어요. 말이 입 밖으로 나오려면 한참을 기다려야 했죠.

부모님은 내가 혹시 바보가 아닐까 하는 얘기를 주고받곤 하셨어요. 나는 그런 어른들을 무시했어요. 아이들이 어른들에게 질문을 한다는 것이 내 눈에는 쓸데없는 것처럼 보였어요. 잘난 척하면서도 막연하고 어리석은 대답을 하는 것을 보면, 어른들은 아는 게 거의 없었죠. 그래도 나는 아버지에게 물어 봤어요.

"나침반은 왜 항상 같은 자리로 돌아와요?"

"바늘이 북쪽을 가리키니까 그렇지. 너 동서남북 몰라? 해가 동쪽에서 떠서 서쪽으로 지지 않니."

"그럼 나침반은 왜 북쪽을 가리키는데요?"

"바늘이 자기를 띠고 있기 때문이야. 자석은 북쪽을 향하거든."

"자석이 어떻게 북쪽을 알아요?"

"철은 자석을 끌어당기지. 북극 근처에는 철이 엄청나게 많단다."

"그럼 자석은 어떻게 움직여요? 누가 미는 것도 아닌데. 곤충처럼 다리가 있는 것도 아니고!"

"그건 자기현상이라는 거다. 학교 가면 배울 거야."

아버지는 내가 학교만 가면 모든 수수께끼들을 풀 수 있는 열쇠를 받을 것처럼 말했지요. 나는 그 말에 완전히 속았어요. 선생님들은 오로지 알파벳과 구구단을 가르치려는 생각밖에는 없는 것 같았어요. 내가 선생님에게 철이 자석을 끌어당기는 원리를 묻자, 그건 내 나이 또래의 어린아이에게는 너무 어려운 질문이라고 대답하더군요. 사실은 선생님도 몰랐던 거죠.

선생님들은 우주의 신비 따위에는 관심이 없었어요. 그저 우리가 국가를 부르면서 행진만 제대로 할 수 있다면 그것으로 만족하는 것 같았어요.

선생님은 나보다 똑똑했기 때문에, 또는 똑똑한 척했기 때문에 나는 선생님에게 한 수 배울 생각으로 물어 봤지요.

"선생님은 마치 하느님이 듣기나 하는 것처럼 기도를 하시네요?"

"당연히 들으시지."

"하느님은 하늘에 사세요?"

"그렇고말고."

"하늘에는 해하고 달하고 별밖에는 없잖아요. 하느님은 어디에도 안 보여요."

"하느님은 눈에 보이지 않는 존재라서 네가 볼 수 없는 거란다."

"전기처럼 말이에요?"

"글쎄다, 그렇다고도 할 수 있겠지. 전기는 눈에 보이지 않지만 아주 강력해. 하느님도 그렇단다."

"전기가 강하기는 하죠. 하지만 전기한테 말을 시키면 대답을 안 해요. 선생님의 하느님도 대답을 안 하고요. 제 생각에는, 하느님한테 말을 한다는 건 소용없는 짓이에요."

부모님이 나를 가톨릭계 학교에 입학시킨 까닭은, 뮌헨에 있던 유일한 유태계 초등학교가 학생 부족으로 인해 폐교를 했기 때문이었어요. 유태인들은 자식들이 가능한 한 빨리 정통 독일인들 속에서 살아가는 법을 배우기를 바랐던 것이죠.

하지만 나는 학교에서 대충 시간만 때우고 얼른 집으로 돌아왔지요. 피아노를 아주 잘 쳤고 음악을 지극히 사랑했던 어머니는 내게 바이올린을 가르치셨어요. 바이올린 선생님은 매우 엄격했죠.

"손가락을 둥글게 구부려, 새끼손가락도."

"손가락을 안 구부리면 어떻게 되는데요?"

"소리가 덜 예쁘게 나지."

"왜 소리가 덜 예쁘게 나는데요?"

"내 말대로 해! 내가 바이올린을 연주한 지가 40년이야. 그리고 수세기 전부터 수천 명도 넘는 사람들이 손가락을 구부리고 바이올린을 연주했단 말이다."

바이올린 선생님은 마치 학교 선생님들 같았죠. 자기들이 모든 걸 안다는 듯 말했지요. 나는 어머니에게 바이올린이 재미없다고 했어요.

"저는 음악이 싫어요."

"끈기를 가져야지. 차차 좋아하게 될 거야."

여동생 마야는 나보다 2년 뒤에 태어났어요. 동생은 선생님들이나 어른들에게 나보다 훨씬 고분고분했지요. 나는 그게 잘못된 행동이라는 것을 동생에게 가르쳐 주고 싶었어요.

"너도 뇌가 있을 테지?"

"응, 오빠."

"그럼, 혼자 힘으로 생각할 수 있겠구나."

"응, 오빠."

"그런데 왜 네가 할 결정을 아빠랑 엄마랑 선생님들이 하게 놔두니?"

"다들 나보다 더 잘 아니까."

"천만에. 어른들은 너보다 잘 알지 못해. 너보다 더 잘 아는 사람은 아무도 없어. 넌 내가 너보다 더 잘 안다고 생각하니?"

"응, 오빠."

"그러면 내가 시키는 대로 할 거야?"

"응, 오빠."

"그렇다면 이제부터는 내가 시키는 대로 하지 마."

"응, 오빠."

동생은 바보가 아니었기 때문에 자기가 한 대답이 모순이라는 것을 금방 알아챘죠. 우리는 깔깔대고 웃었어요. 나는 동생밖에는 아는 여자아이가 없었어요. 동생은 나의 유일한 친구였지요.

　내 말은, 또래 친구가 없었다는 뜻이에요. 그 대신 야코프 삼촌이라는 진짜 멋진 친구가 있었어요. 삼촌은 우리 집에서 함께 살았죠. 아내도 자식도 없었던 삼촌은 나를 데리고 동물원에도 가고 서커스도 보러 갔습니다. 선생님들은 이미 내가 알고 있거나 배우고 싶지 않은 것들을 억지로 가르치려고 하는 데 반해서, 삼촌은 내가 어떤 걸 흥미 있어 하는지 알았기 때문에 내 호기심을 채워 주려고 노력했죠.

야코프 삼촌

"알베르트, 저기 원숭이 보이지? 우리 조상들은 모두 저런 원숭이였단다."

"할아버지도?"

"물론이지. 아마 약간은 닮았을 거야. 하지만 내가 말하는 조상이란, 수백만 년 전에 살았던 먼 조상이지. 원숭이들은 우리의 부모라고 할 수 있어. 그리고 동물들은 모두 다 우리 사촌들이고 말이야."

"우리가 동물이라고?"

"바로 그렇단다. 위대한 영국학자인 다윈이 그걸 증명했어."

"그럼 동물도 우리들처럼 생각을 할 수 있을까?"

"왜 아니겠어? 아마도 저 원숭이는 지금 네가 자기한테 바나나를 줄까 안 줄까 생각하고 있을걸. 안타깝게도 말을 못할 뿐이지."

"말을 할 수 없다면 생각도 못할 것 같은데?"

"어디 보자……. 귀머거리에다 벙어리인 사람은 말을 못하지. 하지만 생각은 하잖아. 저 착한 원숭이도 너와 나처럼 생각은 할 수 있지만, 말을 못해서 우리가 그걸 모르는 거야."

나는 원숭이 앞에서 바나나를 흔들어댔습니다.

"야코프 삼촌. 삼촌 말대로라면 원숭이가 나한테 손을 내밀겠지? 야, 원숭아. 너 주려고 바나나 가져왔어!"

그러자 삼촌은 크게 웃었습니다.

"하하하 소용없어. 저 원숭이는 아프리카에서 왔거든. 우리말을 전혀 모른단 말이야."

"그럼 삼촌이 매일 와서 원숭이를 가르치면 되겠네!"

조금 엉뚱하긴 했지만 삼촌은 날 가장 잘 이해해 주는 분이었죠. 나는 초등학교를 졸업하고 루이트폴트 김나지움에 입학했어요.

초등학교 선생들이 우리에게 행진을 시키며 군대 중사들처럼 굴었다면, 김나지움의 선생들은 훨씬 더 엄격하고 거만해서 마치 프로이센 군대의 부관들 같았지요. 우리는 쓸데없는 것들을 엄청나게 외워야 했습니다. 전쟁이 일어난 날짜며 라틴어의 문법 규칙, 끝도 없이 이어지는 수많은 고대 그리스어 동사들 그리고 수학 정

김나지움
우리 나라의 초등학교에 해당하는 기초학교를 졸업한 학생들 중에, 학문을 계속할 뜻이 있는 학생들이 진학하는 중등과정으로 5~13학년으로 운영된다.

리들까지……. 선생님들은 내게 큰 영향을 끼쳤다고 할 수 있죠. 덕분에 역사와 라틴어와 고대 그리스어와 수학이라면 진저리를 쳤으니까요.

다행히 수학에 있어서만은 야코프 삼촌의 강력한 마법이 선생님들의 사악한 마력을 이길 수 있었답니다.

"알베르트, 수학은 말이야, 아주 놀라운 학문이야! 중요한 건 말이다, 왜 그런 정리들이 나왔는지를 이해하는 거라고. 너, 기하학을 창안해 낸 사람이 누군지 아니?"

"고대 그리스인들이지."

"그럼, 그 사람들이 그걸 왜 만들어 냈겠니?"

"학생들을 괴롭히려고 그랬겠지."

"하하, 녀석. 나도 네 나이 때는 그렇게 생각했지. 하지만 그 사람들이 기하학을 만들어 낸 진짜 이유는 정말 단순해. 자 아버지가 자식들에게 밭을 유산으로 물려 준다고 치자. 그러려면 밭 크기를 재서 똑같이 나눠야 될 거 아니겠니? 그게 바로 기하학의 출발점이었어. 정말 놀랍지 않아? 이미 고대 그리스 시대에 기하학을 사용해서 지구의 원둘레를 측정하기까지 했다고!"

"고대 그리스인들이 지구가 둥글다는 사실을 알았어?"

"물론이지. 배가 수평선 쪽으로 멀어질 때 보면, 선체가 먼저 사라지고 그 다음에 돛대가 사라지잖아. 이것은 지구가 둥글다는 증거 말고는 달리 설명할 수가 없다고 고대 그리스인들은 생각했지.

기하학
도형 및 공간의 성질을 연구하는 학문으로, 고대 이집트에서 나일강의 범람 후에 토지를 다시 분배하기 위한 연구에서 유래되었다.

친애하는 페기 학장에게 21

북회귀선
북위 37도 27분의 위도를 연결한 선. 적도에 있던 해가 점점 북쪽으로 올라가 하지에 이 선을 통과하고 다시 남으로 내려간다.
북반구에서 열대와 온대를 구분하는 선이기도 하다.

위도
지구 위의 위치를 나타내는 좌표축 중에서 가로로 된 것. 적도를 중심으로 하여 남북으로 평행하게 그은 선이다. 적도를 0도로 하여 남북으로 각 90도로 나누는데 북쪽의 것을 북위, 남쪽의 것을 남위라고 한다. 각도를 나타내는 단위는 도, 분, 초이다.

"기원전 2세기에 알렉산드리아에 살았던 학자 에라토스테네스는 지구가 둥글다는 사실은 알았지만 지구의 가장 큰 원의 둘레는 몰랐단다. 어느 날 누가 에라토스테네스에게 이집트 남쪽의 시에네라는 도시 근처에서 놀라운 일이 일어난다는 얘기를 해 주었어. 1년 중 태양이 가장 높이 뜨고 낮의 길이가 가장 긴 하지가 되면 막대기의 그림자가 완전히 없어지고 태양빛이 우물 바닥을 비춘다고 말이야."

"그 도시는 북회귀선 위에 있나 보네."

"오, 제법인데! 에라토스테네스는 북회귀선에 대해서는 전혀 몰랐지만, 자기가 사는 알렉산드리아에서 하지 정오에 막대기를 수직으로 세워 놓고 그 그림자를 측정해 봤어. 그리고 그림자의 길이와 막대기의 길이를 재서 막대기와 태양 광선이 이루는 각도를 계산해 냈어. 시에네에서는 막대기의 방향과 태양광선의 방향이 정확히 일치할 테니, 알렉산드리아의 막대기와 시에네의 막대기가 이루는 각도는 7.2도라는 걸 알 수 있지. 이 각도는 알렉산드리아와 시에네 사이의 위도 차를 나타내는 거야. 너는 원이 360도라는 걸 알 거다. 이 각이 원에서 차지하는 비율은 얼마지?"

"50분의 1."

"오, 아주 훌륭해. 이제 에라토스테네스에게는 간단한 일만 남았지. 알렉산드리아와 시에네 사이의 거리만 재면 됐으니까."

"아주 긴 끈이 필요했겠는데……."

"잠깐, 너 혹시 알렉산드리아의 거대한 도서관에 대해서 들어본 적 있니?"

"학교 도서관밖에는 아는 게 없어."

"알렉산드리아의 도서관은 훨씬 더 컸지. 에라토스테네스는 그곳의 사서였고. 너도 생각해 보면 알 테지만, 에라토스테네스는 800킬로미터를 걸어서 갈 만큼 한가한 사람은 아니었다. 그 사람은 상인 행렬을 이끄는 우두머리에게 시에네까지 가는 데 걸리는 시간을 묻는 것으로 문제를 간단히 해결했어. 물론, 정확하진 않았지. 에라토스테네스는 알렉산드리아에서 시에네까지의 거리가 약 5천 스타디아(약 925킬로미터)라는 사실을 알아냈어. 그래서 여기에다 50을 곱해서 지구의 둘레를 얻어낸 거야.

역사학자에 따라 스타디아에 대한 기준이 달라서, 이 수치는 3만9천에서 4만6천 킬로미터 사이를 나타낸단다."

나는 에라토스테네스가 땅이나 파피루스에 계산을 해 보고 나서 땅에 막대기를 꽂는 모습을 상상해 봤어요. 에라토스테네스에게 있어서, 숫자는 머릿속으로 상상하던 지구의 모습을 표현하는 수단이었던 것이지요. 정말 대단한 사람 아닌가요? 페기 학생, 에라토스테네스는 막대기에 그림자가 생기지 않는다는 얘기를 듣는 순간, 지구의 둘레를 계산하는 일이 가능하리라는 것을 직감했습니다. 이 사람의 직관이 옳았음은 20세기 뒤에 증명됐지요.

야코프 삼촌은 내게 유클리드의 기하학 원론을 비롯해서 수학책

유클리드의 기하학
기원전 300년 경 그리스의 수학자 유클리드에 의해 다섯 개의 공준과 다섯 개의 공리로 이루어진 초등 기하학.

공준
1. 한 점에서 또 다른 한 점으로 직선을 그릴 수 있다.
2. 유한의 직선을 무한히 연장시킬 수 있다.
3. 임의의 중심과 거리를 가지고 원을 그릴 수 있다.
4. 모든 직각은 서로 같다.
5. 한 직선이 두 직선과 만날 때 어느 한쪽에 있는 내각의 합이 두 직각보다 작으면 이 두 직선은 무한히 연장될 때 그 쪽에서 만난다.

공리
1. 같은 것과 같은 것은 서로 같다.
2. 같은 것에 같은 것을 더하면 그 전체는 서로 같다.
3. 같은 것에서 같은 것을 빼면, 나머지는 서로 같다.
4. 서로 겹치는 둘은 서로 같다.
5. 전체는 부분보다 크다.

들을 여러 권 빌려 줬어요.

그 중에서도 특히 '나의 작은 기하학 성서'라고 불렸던 《기하학 원론》은 내가 오랫동안 아꼈던 책이지요.

피타고라스의 정리를 발견한 것은 바로 이 《기하학 원론》에서였어요. 그 당시 나는 열두 살인가 열세 살쯤 됐을 때였는데, 이 정리를 증명하느라고 무척이나 애를 먹었죠. 유클리드는 피타고라스의 정리를 훨씬 더 간단하게 증명하더군요. 그걸 읽으면서, 훌륭한 증명은 단순하고 조화로워서 마음을 즐겁게 만들어 준다는 사실을 깨달았습니다. 요즘에도 내 머릿속에서는 마치 시 구절처럼 피타고라스 정리의 증명들이 하나 둘 떠오르곤 합니다.

내가 어린 시절에 했던 어설픈 증명이나 유클리드의 증명을 페기 학생에게 구구절절 설명할 생각은 없으니 걱정하지는 마세요. 이 피타고라스 정리에 관해 한 마디만 하자면, 그것이 내 인생에서 핵심적인 역할을 했다는 사실이지요.

나를 유명하게 만든, 세상에 잘 알려진 상대성 이론은 바로 이 피타고라스 정리를 빛의 움직임에 적용한 것이랍니다.

삼촌은 김나지움의 진도가 내게 너무 느리다고 봤어요. 내 능력 정도면 대수학 같은 더 어려운 공부도 해 낼 수 있다고 생각했던 것이지요.

"대수학은 아주 재미있어. 네가 x라고 하는 미지의 작은 동물을 찾고 있다고 생각해 보자. 그 동물을 발견하면 넌 얼른 뛰어가서

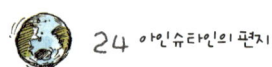

대수학
숫자 대신에 문자를 기호로 사용하여 수의 성질이나 관계 따위를 연구하는 학문.

그 동물을 잡은 다음에 x 대신 확실한 이름을 지어 주는 거라고!"

김나지움에서 쫓겨나다.

페기 학생, 틀림없이 학생은 훗날 내가 사람들로부터 종종 천재라는 말을 듣곤 했다는 사실을 알고 있을 겁니다. 일부러 겸손한 척할 생각은 없어요. 나도 내가 천재라는 것을 인정합니다. 하지만 내게는 특별한 재능이 없어요. 재능이 있다면, 트럼프 카드를 높이 쌓아올리는 재주 정도랄까?

간단히 말해서, 나는 세상 모든 사람들이 천재로 태어나지만 부모님과 선생님들이 그들의 날개를 꺾는다고 생각해요. 학교는 로봇을 만들어 내고 있어요. 다른 생각이나 불평없이 국가에 봉사하는 로봇 말입니다. 이런 시대적인 분위기 때문에 나는 권력이나 정권의 한 자락을 쥐고 있는 사람들을 믿지 않습니다. 여기에 관한 한, 내 생각은 이제껏 한 번도 변한 적이 없습니다.

만약 내가 김나지움에 얌전히 남아 있었더라면 어떤 결과가 나왔을지는 나도 모릅니다. 어쩌면 사춘기의 위기를 넘기고 다른 아이들처럼 순종적인 학생이 됐을지 모르지요. 아버지는 나에 대해서 커다란 계획을 갖고 계셨어요. 나를 기술자로 만들어서 아인슈타인 주식회사를 맡기겠다는 계획이었죠.

그런데 전기 제품을 생산하는 아버지의 공장이 몇 년 간 잘 되다가 느닷없이 위기를 맞게 됐지요. 뮌헨 교외에 도로 조명을 가설했던 아버지는 뮌헨 시장을 설득해서 도시 전체의 설비를 맡으려고 상당히 많은 돈을 투자했거든요. 그런데 시장은 다른 회사를 선택했던 것이지요. 아버지의 회사에 특별한 문제가 있지는 않았어요. 그저 시장은 유태인이 운영하는 회사에게 일을 맡기기가 싫었던 것 같아요.

우리 외조부모님은 이탈리아에 사셨는데, 그분들이 밀라노 근처의 파비라는 곳에 공장을 세워 보라며 아버지와 야코프 삼촌을 초대했습니다. 아버지와 삼촌은 이탈리아로 가면 자신들이 만드는 발전기가 큰 주목을 받으리라고 예상했어요. 그 당시 이탈리아는 독일보다 후진국이었기 때문에 전기 생산과 산업 발전에 대한 기대감이 그만큼 높을 것이라는 생각에서였죠.

1894년, 부모님과 삼촌 그리고 여동생은 이탈리아로 떠났고, 나는 열다섯 살이 되었지요. 부모님은 내가 김나지움에서 공부를 끝내야 한다고 생각했기 때문에, 나만 혼자 뮌헨의 한 가정집에다 하숙을 시키셨어요. 하숙집의 가족들은 김나지움의 친구들이나 선생들처럼 따분하기 이를 데 없었습니다. 나는 말벗이 되어 주던 여동생이 무척 그리웠어요. 그나마 외로웠던 나를 위로해 준 것은 바로 바이올린이었어요.

나는 요한 세바스천 바흐의 작품들 속에서 유클리드의 가장 아름다운 정리들만큼이나 충실하고 뛰어난 구조를 발견했어요. 또한 모차르트의 우아함과 마음을 울리는 슈베르트의 천재성을 사랑했지요. 하지만 19세기의 작품들은 대체로 피상적이고 구성이 허술했어요. 시간이 지날수록 상실감은 점점 커져갔지요. 내가 어리석은 인간들에게 복종하고 있는 사이, 부모님은 이탈리아의 눈부신 하늘 아래서 오렌지를 따고 뱃노래를 불렀습니다. 나는 가족이 있는 곳으로 가기로 마음을 먹었어요. 하지만 어떤 방법으로 김나지움을 떠나야 할지 막막했습니다. 무작정 도망쳤다가는 교장 선생님이 그 즉시 경찰을 보내 나를 잡아오게 했을 테니까요. 나는 종종 우리 집에 놀러오던 막스 탈무트와 상의 끝에 의사인 그의 형을 만나러 갔어요.

"막스한테서 제 사정을 들으셨지요? 진단서를 받아서 휴학을 하고 싶어요."

나는 솔직하게 이야기했어요.

"그래, 얘기는 들었다. 확실히 넌 천재인 것 같더구나. 뭐, 신경 쇠약 때문에 6개월간 휴식이 필요하다고 처방을 내려 줄 수 있긴 한데……."

"완벽해요. 6개월이라, 좋아요!"

"하지만, 그건 좀 위험 부담이 있다. 앞으로 네가 대학 교수직에 지원을 한다고 가정해 보자. 네가 열다섯 살에 우울증을 앓은 병력이 있다는 사실을 알게 되면 십중팔구 대학에서는 너한테 교수 자리를 내주지 않을걸."

"무슨 말씀인지는 알겠어요. 일단 진단서만 끊어 주시면 제가 상황을 봐서 그걸 사용할지 여부를 판단할게요."

생각에 생각을 거듭하다가 나는 수학 선생님을 찾아갔어요. 선생님 역시 의견서를 써 주셨는데, 거기에는 내 수학 실력이 월등해서 김나지움에서 계속 공부하기에는 적합하지 않다고 적혀 있었지요. 나는 진단서와 의견서 중에서 어떤 것을 사용해야 할지 망설였어요. 그런데 때맞춰 김나지움의 교장 선생님이 나를 대신해서 결정을 내려 주셨죠. 전 수업을 방해한다는 이유로 학교에서 쫓겨났습니다.

나는 내가 수업을 방해한다고 생각해 본 적이 없었어요. 어찌됐든, 고의적으로 그런 행동을 하지는 않았지요. 딴 생각을 하긴 했지만 수업 시간에는 얌전히 앉아 있었어요. 물론, 학습 내용을 암송하라는 선생님의 지시에는 따르지 않았지요. 그런 건 바보 같은 짓이었으니까요. 특히 체육 시간에 열의를 보이지 않은 것이 가장 큰 문제였을 겁니다. 투포환은 아무렇게나 던지고, 줄타기는 중도에 포기해 버리는데다가, 축구 시합 중에는 공상에 빠져 있었으니까요. 경기장까지 행진을 할 때 보조를 맞추지 못해서 사실 수업을 방해하기는 했지요.

결국 선생님 한 분이 내 궁금증을 풀어 줬어요.

"네가 교실에 있다는 사실만으로도 학생들이 고분고분하게 나를 따르려고 하지 않는다."

 다시 말해서, 나는 고분고분하지 않았던 겁니다. 만약 다른 학생들이 나를 따라하기 시작한다면 독일인들의 권위가 한꺼번에 와르르 무너져 버릴 위험이 있었던 것이죠.

 나는 기차표를 사서 첫차로 독일을 떠났어요. 뛸 듯이 기뻤죠. 나는 독일을 완전히 떠나기로 결심했습니다. 마치 교육의 유일한 목적이 군대에 들어가기 위한 것인 양, 교복을 입고 행진을 하고 발뒤꿈치를 맞부딪치면서 "네, 선생님." 하고 외치는 일은 더는 하고 싶지 않았어요.

 부모님과 누이는 나를 보고 반가워하긴 했지만 어리둥절해 했어요. 공부를 중간에 그만두고 왔으니까 말이죠. 김나지움에서 퇴학을 당하다니! 앞으로 어떻게 되는 거지? 나는 수학 선생님의 의견서를 보여주면서 가족들을 안심시켰습니다. 내 능력이 너무 뛰어나서 수업을 받기에 적절치 않았다고 말이죠.

 가족들의 불안이 걷히자 마자 나는 그들에게 새로운 걱정거리를 던져 주었죠. 독일 국적을 포기하고 싶다고 얘기했거든요. 아버지는 약간 놀라셨어요.

 "알베르트, 그건 가볍게 결정할 수 있는 일이 아니다. 네 앞날을 생각해 봐라. 독일 회사에 취직을 하거나 독일 대학에서 가르치게 될지도 모르지 않니."

 "아니요, 그렇지 않아요 아버지. 벌써부터 독일인들은 프랑스와 전쟁을 일으킬 생각에 열을 올리고 있어요. 거기 있다가는 억지로 군대로 끌려가서, 나한테 원수진 것도 없는 불쌍한 사람들한테 총구를 들이대야 할 거라고요."

결국 나는 1896년 초에 무국적자가 됐지요.

이탈리아에서 보낸 시간

아버지는 예전부터 내가 전기 기술자가 되기를 바라셨어요.

"애야, 독일 밖에도 훌륭한 학교들이 있다. 취리히 연방공과대학에 들어가면 독일어로 최고 교육을 받을 수 있어."

"새 기계를 만들어 내려면 틀림없이 기술자들이 필요하겠죠. 하지만 그 일이 저한테 적합할지는 모르겠어요. 야코프 삼촌을 보면 손놀림이 아주 섬세해요. 다른 직공들보다 기계를 훨씬 잘 만지고요. 삼촌 옆에 있으면 내가 아주 서툴다는 느낌이 들어요."

확실히 나는 손으로 하는 일보다는 머리를 쓰는 일에 더 매력을 느끼고 있었지요.

아버지는 취리히 연방공과대학에 입학하면 기술 교육 대신 이론 교육을 선택할 수 있을 거라고 단언했어요. 수학 선생님의 의견서도 필요하지 않았지요. 몇 달 후에 있을 입학 시험에 통과하는 것만으로 충분했으니까요.

시험을 기다리면서 나는 파비를 비롯해서 근처에 있는 유적지들을 찾아다녔습니다. 꽃이 만발한 이탈리아의 거리도 산책했지요. 온갖 종류의 이탈리아 빵들을 맛보면서 말이죠.

　　이 민족은 아주 사소한 일에도 노래를 부르고 춤을 췄습니다. 나는 길을 걸어가는 초등학생들을 유심히 살펴봤어요. 아이들은 행진 따위는 하지도 않았어요! 이탈리아에서 보낸 그 때가 내 일생에서 가장 행복한 시기였어요. 하루가 가고 1주일이 가고 한 달이 가도 근심 걱정이라고는 눈을 씻고 찾아 봐도 없었지요.

　　나는 걸어서 제노바까지 가기도 했어요. 그 곳에 외삼촌이 살고 있었거든요. 열일곱 살 시절의 그 원기왕성함이란! 그 거리는 무려 100킬로미터에 달했습니다.

　　나는 밀 이삭을 씹으며 자신의 미래를 생각했어요. 길가에서 일하고 있는 농부들을 만나면 인사말을 건네기도 했지요. 기술자가 될까? 존경하는 헤르만 아인슈타인의 후계자가 돼 봐? 이탈리아 국적이 좋을까, 아니면 스위스 국적이 좋을까?

　　밤에는 작은 식당 겸 여인숙에서 묵었어요. 새벽이면 즐겁게 지저귀는 새소리에 잠이 깼죠. 날씨가 건조하고 더워서, 돌아오는 길에는 아름다운 별빛 아래서 생전 처음으로 노숙을 했어요.

　　밤하늘은 광활했고 깊었습니다. 창공에 반짝이고 있는 별 수백만 개가 모두 다 타오르는 항성들이라니! 생각만 해도 현기증이 났죠. 비록 과학이 거인의 발걸음으로 나아가고 있다 해도, 우주는

항성
핵융합 반응을 통해서 스스로 빛을 내는 고온의 천체를 말하며, 대표적인 것으로는 태양이 있다.

여전히 불가사의한 모습으로 남아 있을 것입니다. 아직도 밝히지 못한 것들이 무수히 많았지요.

나는 발전기를 만드는 일보다는 세상의 비밀을 캐보고 싶었어요. 헤르만 아인슈타인이 아니라 에라토스테네스와 갈릴레이와 뉴턴을 계승하고 싶었습니다.

나는 이탈리아의 들판에 누워서 빛의 놀라운 대항해를 상상해 보았어요. 타오르는 머나먼 별 하나에서 수백만 년 전에 태어난 빛은 미지의 세계를 향해 용감하게 돌진했지요. 별빛은 아무런 장애도 만나지 않고 자유롭게 날아와 내 눈 속에서 길고 긴 여행을 마치게 됩니다! 그 시간 동안, 공룡과 맘모스와 인간들은 이 우스꽝스러운 작은 행성 위에서 태어나고 죽어갔지요.

독일어를 배우고 사고 능력까지 생긴 원숭이가 있다고 가정해 봅시다. 그 원숭이가 과연 빛에 관심을 가질 수 있을까요? 저 별들이 항성이라는 사실을 원숭이가 이해할까요?

나는 인간의 정신을 찬미했지요. 상상의 세계를 여행하는 저 위대한 항해사를 말입니다.

빛의 수수께끼

우리는 빛에 대해서 아는 것이 거의 없습니다. 그러나 빛은 생명

갈릴레이
이탈리아의 천문학자 · 물리학자 · 수학자. 진자의 등시성 및 관성법칙 발견, 코페르니쿠스의 지동설에 대한 지지 등의 업적을 남겼다.

뉴턴
영국의 물리학자 · 천문학자 · 수학자 · 근대이론과학의 선구자.

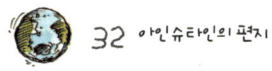

의 원천이지요. 에디슨이 만든 전구의 필라멘트는 전류가 흐르면 열을 내며 빛나는데, 왜 그럴까요? 수천 년 전부터 대장장이들은 이글거리는 숯불 위에 철 조각을 올려놓곤 했지요. 그러면 이 회색빛이 나는 금속은 붉게 달아오릅니다. 도대체 그 빛은 어디에서 나오는 것일까요? 빛이 철 속에 갇혀 있었던 것일까요?

학교에서는 내게 아무것도 가르쳐 주지 못했지만, 책을 통해서 나는 많은 것을 배웠어요. 17세기 학자들은 빛이 거울에 반사돼 되돌아오는 것을 보고, 빛이 미세한 알갱이들로 이루어져 있다고 추측했습니다. 그런데 그 뒤에 실험을 해 보니, 빛은 오히려 파동을 닮았다는 결과가 나왔어요.

페기 학생은 파동을 본 적이 있을 겁니다. 물에다 조약돌을 던지면 생기는 게 파동이지요. 동그란 물결들이 생기면서 점점 커지지 않습니까? 말하자면, 파동은 물 표면에서 전달됩니다. 물 분자들은 오르락내리락하면서 위아래로 움직이지요. 물을 매체로 이용해서 전달되는 것이 바로 에너지입니다.

마찬가지로, 소리도 공기 속에서 전달되는 파동입니다. 파동이 전달되어 고막을 떨리게 하면 우리는 소리를 듣게 되지요.

19세기 중반에 스코틀랜드의 학자 맥스웰이 빛의 파동을 훌륭하게 설명해 주는 방정식을 만들어 냈습니다. 만약 빛이 파동이라면, 물이나 공기에 비교될 만한 어떤 물질이나 공간을 진동시켜야겠지요. 사람들은, 우주 공간에 공기는 없지만 눈에 보이지 않는

맥스웰
물리학자. 빛의 전자기 파설의 기초를 세웠고 기체의 분자 운동에 관해 연구했다.

에테르
빛의 파동설이 제기되었을 때 그 파동을 날라다 줄 하나의 매개체. 후에 빛의 입자설이 나오면서 없어지게 된다.

물질이 우주 공간을 꽉 채우고 있을 거라고 상상했습니다. 사람들은 그 물질을 '에테르'라고 불렀어요.

학자들은 자연의 다양한 현상들을 점점 더 명쾌하게 설명할 수 있게 됐지만, 빛의 파동을 전달하는 매개체인 이 불가사의한 에테르의 존재는 도무지 증명할 수 없었지요.

내가 태어난 해에 앨버트 마이컬슨이라는 미국인 학자는 평범한 거울을 가지고 매우 독창적인 실험을 했습니다. 그리고 에테르가 존재하지 않을 수 있다는 결론을 얻게 됩니다.

"만약 에테르가 존재하지 않는다면 빛의 파동은 어떻게 전달되지? 하지만 빛은 전달되고 있잖아!"

나는 별들을 쳐다보며 혼잣말을 했지요. 반드시 이것을 설명할 방법이 있을 거라고 생각하면서…….

만약 미래에 인간이 별로 날아갈 수 있는 우주선을 만든다면 어떨까 하고 상상해 보았지요. 그 우주선은 빛만큼 빨리 날아갈 수 있을까? 나는 내가 광선에 걸터앉는 상상을 해 보았습니다. 현실에서는 불가능하지만 상상 속에서야 무슨 일을 못하겠어요!

페기 학생이 물에다 조약돌을 던져서 파동을 만든다고 해 봅시다. 그리고 파동의 볼록한 부분 위를 잠자리가 날아간다고 상상해 보세요. 잠자리의 눈에는 무엇이 보일까요? 움직이지 않는 작은 물 언덕만 보일 겁니다. 잠자리에게 있어서 그것은 물의 파동도 아니고 물의 진동도 아니지요. 만약 내가 광선에 걸터앉아 있다면, 잠자리와 비슷한 상황에 놓이게 됩니다. 내 눈에는 어떠한 진동도 보이지 않을 겁니다. 그러면 빛은 사라지겠죠! 과연 이런 일이 가능할까요?

스위스에서

나는 1895년 9월에 취리히 연방공과대학의 입학 시험을 쳤습니

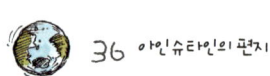

다. 당시에 나는 만 열여섯 살 반으로, 입학 가능한 최저 나이보다 한 살 반이 어린 나이였지요. 입학 관리 책임자는 김나지움의 수학 선생님이 써 준 의견서를 보고 내게 입학 시험을 치를 수 있는 자격을 줬던 것입니다.

부모님은 이 시험에 기대를 많이 거셨어요. 아버지는 대학 교육을 받지 못하셨거든요. 독일은 1869년이 돼서야 유태인들에게 완전한 시민권을 주면서 대학의 문을 열어 주었죠.

나는 수학에서 최고 점수를 받았지만 식물학과 프랑스어는 전혀 공부를 하지 않아서 시험에 떨어지고 말았어요. 취리히까지 나를 따라왔던 어머니는 실망하셨죠. 하지만 나는 아니었어요. 마침내 운명이 내게 계시를 내렸구나 싶었지요. 안 그래도 복잡한 세상인데 나까지 전기 기술자가 되어서 기계를 만들어 세상을 더 복잡하게 만들 필요는 없을 것 같았어요.

그런데 입학 관리 책임자가 내 수학 시험 결과에 주목했죠. 그 책임자는 내가 취리히 연방공과대학에서 공부할 수 있게 되기를 바란다고 하면서, 아라우의 한 지방 학교에 나를 입학시켜 줬어요. 페기 학생, 아라우가 어디 있는지 아세요? 아라우는 알프스 고산 지대에 들어앉은, 매우 오래되고 매력적인 도시지요.

그 학교에서 그리스어와 라틴어를 가르치는 빈텔러 씨가 나를 자신의 집에서 머물 수 있도록 호의를 베풀어 주었어요. 아참! 빈텔러 씨의 세 딸 중 한 명인 마리와 사랑을 나눴던 일도 빠뜨리면

안 되겠네요. 빈텔러 씨 가족과 함께 했던 생활은 말할 수 없이 행복해서, 빈텔러 씨 부부를 아빠, 엄마라고 부를 정도였답니다.

페기 학생, 스위스는 축복받은 나라예요. 수세기 이래로 스위스는 폭정과 유혈 충돌의 바다 한 가운데에 떠 있는 민주적이고 평화로운 섬이 되어왔습니다.

아라우 지방 학교의 선생님들은 정치 제도라는 것을 믿지 않았어요. 정말 용감한 사람들이죠! 그분들은 학생들의 말을 경청하며 함께 토론했고, 자신들의 생각을 학생들에게 주입시키려고 하는 대신에 학생들이 스스로의 자질을 계발할 수 있도록 진심으로 도와 주었어요.

화창한 날이면, 물리를 가르치는 투흐슈미트 선생님은 우리를 데리고 나가서 산길을 걸으며 수업을 하셨어요.

"철학자 아리스토텔레스는 자신이 세운 유명한 학원에서 이런 방식으로 가르쳤다. 걸으면 생각이 자유롭고 활발해지지. 게다가 너희들이 내 수업에서 대단하게 배울 건 없겠지만, 백합이나 수리라도 보게 된다면 그런대로 보람 있는 하루가 되지 않겠니?"

1896년 6월 학기말에 나는 다시 취리히 연방공과대학의 입학 시험을 치렀고 이번에는 합격을 했죠. 그 해 여름을 이탈리아 파비에서 보내고 나는 여동생 마야와 같이 스위스로 돌아왔어요.

내가 아라우의 매력과 인간적인 교육의 장점에 관해서 입에 침이 마르도록 자랑을 해서, 동생은 이 곳 정규 학교에서 공부를 하기로 결심했던 것이지요. 나는 취리히로 가서 대학 근처에 하숙을 구했어요.

4년 동안 나는 수학과 물리, 천체물리, 천문학, 지리, 철학, 인류학, 경제학을 공부했어요. 기술자보다는 머리를 쓰는 직업을 가질 생각이었기 때문에, 원칙적으로 내 주된 관심 분야는 수학이 되어야 했어요.

하지만 나는 수학이 지나치게 다양하고 광범위한 분야를 다루고 있다는 생각이 들었어요. 그와 반대로, 물리학은 사실을 기술하고 설명한다는 명확한 목표가 있었지요. 기술자는 되고 싶지 않았지만 실험실에서 기구들을 다루는 일은 재미있었어요.

취리히 연방공과대학 같은 세계적인 교육 기관의 교수님들이 아라우의 선생님들처럼 소박하고 상냥할 수는 없었죠. 그들은 상당히 소심했어요. 게다가 물리학을 가르쳤던 베버 교수님과 페르네트 교수님은 정확히 한 세기를 뒤쳐져 있었어요. 두 분은 뉴턴의 이론만 가르치고, 맥스웰의 이론은 가르치지 않았어요.

나는 쓸데없는 제약을 받으며 시간을 낭비하고 싶지 않아서, 케케묵은 구식 이론만 가르치고 있는 수업에 들어가는 대신, 카페에서 책을 읽으며 관심 있는 주제들을 혼자서 공부했어요.

내 친구인 그로스만은 꼬박꼬박 수업에 들어갔고, 수업 내용을 필기한 공책을 내게 빌려 주었어요. 내가 수업을 빼먹자 교수님들은 열의가 부족하다며 나를 비난했어요. 또 나더러 거만하고 버릇이 없다고 하더군요.

아, 그렇지만 학생들은 교수님들과 달리 아주 흥미진진한 친구들이었죠. 그들은 유럽 각지에서 온 젊은이들이었어요. 우리들은 젊고 여유로웠습니다. 밤에 농장에서 암소들 틈에서 잠을 자거나 취리히 호수에서 요트도 탔습니다. 요트는 바람의 힘과 물의 반동을 이용해서 움직이는 것이라, 물리학자들이 아주 좋아하지요.

페기 학생은 프린스턴 대학이 남녀차별 없이 학생들을 받아들이고 있다는 사실을 보여 주는 살아 있는 증거라고 할 수 있지요. 왜냐하면, 1896년의 유럽에서는 사정이 달랐답니다.

취리히 연방공과대학은 교수님들 문제에 있어서는 약간 구시대적이었을지 모르지만, 시대를 앞서나가는 교육 기관이었어요. 여학생 여러 명이 우리와 한 교실에서 공부했고 함께 소풍을 가기도 했으니까요.

그 여학생들 중 한명인 밀레바 마리치는 피아노를 칠 줄 알았죠. 우리는 피아노와 바이올린으로 모차르트와 베토벤의 소나타들을 연주하곤 했어요. 밀레바는 헝가리 출신으로 부모님은 세르비아인이셨지요.

4년간의 공부가 끝나고 1900년 8월에 나는 학위를 받았어요. 졸업을 하기 위해서 억지로 시험 공부를 해야 했지요. 일방적으로 정해 준 교과목을 공부하는 일은 고통이었습니다. 내 친구들은 밀레바를 제외하고 모두 학위를 받았어요. 취리히 연방공과대학은 연구와 교육에 뜻을 둔 젊은 학위생들에게 조교 자리를 제공하는 것을 원칙으로 삼고 있었어요. 가장 친한 친구인 그로스만도 그런 식으로 해서 수학과의 조교가 됐고요. 따라서 내게도 물리학과의 조교 자리가 제공돼야 했어요. 하지만 물리학과의 두 교수님은 그러지 않았죠. 두 분의 눈 밖에 난 것이 틀림없었죠.

평소와 다름없이 그 해 여름도 나는 이탈리아에서 보냈습니다. 여동생도 아라우에서 이탈리아로 왔죠. 동생은 빈텔러 씨의 아들 폴 빈텔러와 약혼을 한 상태였습니다. 나는 부모님께 밀레바 마리치에 관해서 말씀드렸어요.

"출신이 정확히 어디니?"

"헝가리에서 태어났지만 부모님은 세르비아인이세요."

"세르비아인이라고? 유태인은 아니겠구나."

"어, 그런 것 같네요."

"취리히 연방공과대학 학생들이 죄다 유태인이기를 바랄 수는 없겠지. 그건 전혀 중요하지 않다."

실제로는 그것이 매우 중요하다는 것을 나는 감지할 수 있었지요. 폴 빈텔러도 유태인이 아니기는 마찬가지였지만, 부모님은 개의치 않는 듯이 보였어요. 단지 자식들을 제대로 기르려면 여자 쪽이 반드시 유태인이어야 한다고 생각하셨던 것 같아요. 게다가 두 분은 물리학을 전공한 여학생이 과연 훌륭한 주부가 될 수 있을지 의심스러웠던 거죠.

부모님은 이탈리아 파비에 세운 공장 때문에 근심에 싸여 있었어요. 사업 초기에는 이탈리아인들에게 발전기를 팔 수 있었지요. 그런데 그 뒤에 전기 중앙공급 시설을 건설하기로 결정하면서 도시 행정관들은 이탈리아인들이 경영하는 회사들에게 이 사업을 맡겼던 것입니다.

'파산'이라고 하는 오래 전의 망령이 다시 고개를 쳐들기 시작했어요. 야코프 삼촌은 낙담해서 비엔나의 한 회사에 취직을 해 버렸지요. 아버지는 밀라노의 사교계에 발을 들여놓으려고 시도하셨고요. 안 그래도 걱정근심으로 건강이 나빠진 상태라, 살아남기 위한 아버지의 노력은 더욱 처절했습니다. 나로서는 아버지를 도와드릴 방법이 없었기 때문에 되도록이면 빨리 일거리를 찾는 수밖에는 없었어요. 여러 교수들에게 편지를 보내 봤지만 아무도 나를 고용해 주지 않았습니다.

나는 거주증명서를 받기 위해서 취리히 시의 심사를 받았어요. 마침내 1901년 2월에 나는 스위스의 시민이 될 수 있었지요. 평발이었기 때문에 다행히 세 달간의 병역도 피할 수 있었습니다.

심사를 받는 동안, 나는 독일 학술지인 물리학 연보에 《모세관 현상에 대한 결론》이라고 하는 짧은 논문을 보냈어요. 모세관 현상이란, 나무에서 수액이 줄기를 타고 올라가거나 촛농이 양초의 심지를 타고 올라가는 현상을 말하지요. 솔직히 이 논문은 대단한 가치가 있는 것은 아니었지만, 이런 권위 있는 학술지에 내 이름이

올라간 것을 보니 가슴이 뿌듯했죠.

나는 이제 무국적자가 아니라 스위스인이니, 대학과 연구소에서 나를 채용해 주겠거니 생각했어요. 수십 군데에 지원서를 보냈지만 겨우 한두 군데에서만 답장이 왔고, 안타깝게도 모두 부정적인 내용이었어요.

1901년 5월에서야 겨우 빈터투어에 있는 한 공업 학교에서 두 달간의 임시 교사 자리를 얻을 수 있었습니다. 그 곳의 수학 교사가 병역 때문에 자리를 비웠기 때문이었지요. 더 좋은 조건을 요구할 수도 있었지만 나는 까다롭게 굴지 않았어요. 마침내 내 손으로 돈을 벌게 되었다는 생각에 마냥 행복하기만 했으니까요.

파비에서 제노바까지 걸어 갔던 경험이 아주 즐거웠기 때문에, 나는 밀라노에서 그라우뷘덴 주 안에 있는 쿠어까지는 걸어서 알프스 산맥을 넘어가고, 취리히와 빈터투어까지는 기차를 타고 가기로 계획을 세웠죠.

길은 꽃이 만개한 과수원과 푸른 밭들 사이로 완만하게 올라가다가 호숫가를 따라 이어졌고, 이어서 루가노라고 하는 예쁜 스위스 도시를 가로지른 뒤에, 웅장하게 솟아있는 날카로운 산봉우리들 아래를 수줍게 돌아갔어요.

산을 오르는 일이 평지를 걷는 것보다 훨씬 더 정신을 자극한다는 사실을 이 때 알게 됐죠.

산을 올라간 것은 이번이 처음은 아니었어요. 대학 친구들과 여러 차례 알프스 산을 오르곤 했으니까요. 하지만 혼자서 길을 떠난 것은 이번이 처음이었어요.

나는 취리히에서 산 튼튼한 운동화와 질 좋은 양모 셔츠, 편안한 벨벳 바지에다 폭풍우가 쳐도 끄떡없는 두건 달린 방수 외투로 무장을 했어요.

길은 아주 좋았지만, 잊지 않고 나침반을 챙겼어요. 구름이 낮게 깔리면서 산이 솜뭉치 같은 안개에 완전히 싸일 수도 있었고, 예고 없이 눈보라가 칠 수도 있었으니까요. 나침반이 없다면 같은 길을 뱅뱅 돌면서 길을 잃을 위험도 있었지요. 하지만 안타깝게도 그 나침반은 어렸을 때 아버지에게 받았던 나침반은 아니었어요. 그건 오래 전에 잃어 버렸죠.

상상의 눈으로 바라보기

바늘이 왜 북쪽을 가리키는지를 아버지가 결국 설명해 주지 못했다는 것을 떠올리며 나는 소리 없이 웃었어요. 아버지는 북극 근처에 묻혀 있는 엄청난 양의 철이 나침반의 바늘을 끌어당긴다고 했지요. 하지만 어떻게 북극에 있는 철 덩어리가 수백 킬로미터나 떨어진 곳에 있는 바늘을 움직이게 할 수 있겠어요?

예전에 골동품상에서 페러데이의 초상화를 산 적이 있었어요.

페러데이
영국의 물리학자. 맥스웰의 전자기이론의 길을 열고, 빛의 전자기파론의 선구적 고찰도 하였다.

나보다 한 세기 전에 살았던 이 영국 물리학자가 내게는 마치 가족처럼 친근하게 느껴졌답니다. 페러데이의 아버지는 대장장이였지요. 페러데이는 초등학교에서 글을 읽고 쓰는 법과 셈하는 법 밖에는 배운 게 없었어요. 열다섯 살에 제본공의 견습공으로 들어간 페러데이는 브리태니커 백과사전의 《E》권을 제본하게 됐어요.

페러데이는 단순히 제본하는 데 만족하지 않고 그 책을 다 읽어버렸죠.

전기에 관한 내용은 페러데이에게 깊은 인상을 줬고, 결국 페러데이는 데이비라는 유명한 과학자의 실험실 조수로 들어가게 됩니다. 10년 뒤, 페러데이는 그 실험실의 주인이 되었습니다. 구리선 옆에서 자석을 움직이면 전류가 생기고 자석과 전류의 상호작용을 이용해 발전기를 만들 수 있다는 사실을 보여 준 사람이 바로 페러데이지요.

페러데이의 실험은 매우 간단한데, 철가루를 흩어놓은 종이 한 장을 자석 위쪽에 들고 있다고 해 보세요. 종이를 가만히 움직이면 미세한 철가루들이 자리를 이동하면서, 자석의 한쪽 끝에서 다른 쪽 끝으로 향하는, 일종의 곡선들을 그리게 되지요. 이 선들이 그리는 것을 가리켜서 '자기장'이라고 부르는데, 자기장의 선들 양쪽 끝에는 철가루를 유도하는 힘이 작용하고 있습니다.

나는 페러데이를 나의 위대한 조상으로 생각해요. 나침반의 바늘이 북쪽을 향하는 것으로 보아, 지구 표면에는 자기장이 존재하

브리태니커 백과사전
1771년에 창간된 영어권에서 가장 오랜된 백과사전. 주로 고대와 외국에 관한 사항을 다루었다. 창간 당시에는 3권이었는데 현재는 30권으로 되어 있다.

지식 넓히기

자기장은 자석의 힘이 미치는 공간을 말합니다. 이 발견은 직접 접촉하고 있는 물체가 아니더라도 원격으로도 두 개의 물체 사이에 힘이 직접 작용한다는 증거가 되었죠.
이런 식의 추론 방식은 물리학에 큰 전환을 가져왔어요. 내가 세운 일반상대성 이론은 다른 종류의 원격 작용, 다시 말해서 뉴턴의 만유인력을 우주 공간의 수많은 별에서 나타나는 '중력장'으로 대체한 것입니다.

지식 넓히기

맥스웰은 페러데이의 생각을 방정식으로 정리해냈습니다. 자석이나 전기회로를 진동시키면 마치 물에 조약돌을 던졌을 때 생기는 파동과 비슷한 모습으로 '전자기파'가 나타나지요. 독일의 물리학자 헤르츠는 실제로 빛과 동일한 성질을 띠며 빛과 같은 속도로 이동하는 전자기파가 존재한다는 것을 최초로 증명했습니다.

지식 넓히기

아일랜드출신의 물리학자인 피츠제럴드와 피츠제럴드의 동료인 네덜란드출신의 로렌츠 교수는 지구를 비롯해 움직이는 모든 물체는 '수축한다'고 가정했습니다. 우리가 갖고 있는 도구로는 에테르의 속도를 측정할 수 없고, 방향에 따른 광속의 차이도 측정할 수 없습니다. 왜냐하면 도구들도 같이 수축하기 때문이지요.

고 있습니다. 이 자기장을 형성하는 자석은 어디에 있을까요? 페기 학생은 어떻게 생각하세요? 그건 아마도 지구 중심부에 있을 겁니다. 거대한 철 덩어리가 엄청난 크기의 자석으로 작용하고 있는 것이지요.

마을을 지나갈 때면 나는 호밀 빵과 그 지방에서 만든 치즈, 그리고 사과 몇 개를 샀어요. 그러고는 숲 속의 예쁜 빈터나 물가의 커다란 바위를 찾아가 자리를 잡고 앉아서 점심을 먹었어요. 튼튼한 신발, 빵, 치즈, 햇빛, 이것들만으로도 나는 더할 나위 없이 행복했어요. 그리고 내가 조그만 행성의 울퉁불퉁한 지표면 위를 기어가는 개미만한 작은 존재에 불과하다는 생각이 들자 픽 하고 웃음이 나왔습니다.

사실이 그렇죠. 하지만 이 개미는 무한한 정신력을 갖고 있어서 우주 전체를 마음속에 담을 수 있었지요.

나는 눈에 보이지 않는 이 모든 파장들을 직접 눈으로 보고 그것들의 파동을 느껴 보고 싶었어요. 나무들 사이에서 춤추듯 흔들리고 개울물에 반짝이는 햇살처럼, 그리고 살갗에 닿는 기분 좋은 그 열기처럼 말이지요.

사실, 자기장을 눈으로 보지 못한다고 해도 주머니에서 나침반을 꺼내 보면 자기장의 존재를 확인할 수 있어요. X선이나 우라늄에서 나오는 방사능의 결과는 측정이 가능합니다. 하지만 어떤 도구로도 측정할 수 없는 것이 있는데, 바로 이 모든 파장들의 전달

배경이라고 추측되고 있던 에테르였지요.

　나는 어머니가 짜 주신 크고 두툼한 스웨터를 입고 있었지요. 산을 올라갈수록 기온은 내려갔고 기압도 낮아졌어요. 이것은 곧, 공기 분자의 수가 줄어든다는 것을 의미하지요.

　지각 있는 학자들이라면, 물질이 작은 알갱이들로 이루어져 있다는 사실에 누구나 동의합니다. 페기 학생, 물질을 무한하게 나눠 본다고 한번 상상해 보세요. 17세기 이후, 사람들은 이 미지의 작은 알갱이들을 '입자'나 '분자'라는 이름으로 불러왔습니다.

　나는 연방공과대학에 입학하면서, 박사 논문을 준비하기 위해 취리히 대학에도 등록을 했지요. 내가 연구하던 주제가 바로 기체의 분자에 관한 것이었답니다. 기체가 들어 있는 용기에 열을 가해서 기체에 에너지를 공급하면, 분자들의 움직임이 빨라지면서 용기의 안쪽 벽이나 측정 도구에 더욱 활발하게 부딪힙니다. 다시 말해서, 압력이 증가하는 것이지요.

　분자들을 볼 수 있을 정도로 성능이 뛰어난 현미경이 없어서 그 모습을 직접 볼 수는 없지만, 분자의 속도와 크기는 계산해 낼 수 있어요. 즉, 분자가 존재한다는 가정 아래 그것들의 속도와 크기를 재는 것이지요.

　회의론자들은 "분자라는 건 없어. 그건 다 '상상의 눈'으로 본 것일 뿐이야!" 하고 말하지요. 내가 감탄하는 것이 바로 이 상상의 눈이에요. 보이지 않는다고 해서 분자가 존재하지 않는 건 아니니까요.

나는 땅바닥에 지구의 모습을 그려 보던 에라토스테네스를 종종 머릿속에 떠올려 보곤 했어요. 에라토스테네스는 지구가 둥글다고 추측했지요. 그것 역시 상상의 눈으로 본 것입니다.

에라토스테네스보다 훨씬 이전에 살았던 인물인 레우시푸스는 어떻게 해서 물이 얼음으로 변하게 되는지를 고민했어요. 그래서 얻은 결론은, 물이 작은 알갱이로 이루어져 있다는 것이었죠. 레우시푸스는 관찰에서 출발해서, 시인이나 음악가와 같은 창의성을 발휘해 눈에 보이지 않는 알갱이들의 존재를 상상해 낸 것이지요.

분자가 물질을 구성하는 가장 작은 알갱이일까요? 19세기에 들어서면서 사람들은 물이 수소와 산소로 이루어져 있다는 사실을 알게 됐습니다. 다시 말해서, 물 분자는 나뉠 수 있지요. 물 분자를 이루는 수소와 산소의 알갱이들을 원자(atom)라고 부릅니다. 이 이름은 '나누어 쪼갤 수 없다'는 뜻입니다. 물질의 가장 작은 알갱이들에게 이런 이름을 붙여 준 사람은 레우시푸스의 제자인 데모크리토스로서, 기원전 4세기에 살았던 인물이지요. 19세기 말로 접어들기 직전에, 로렌츠 교수와 J.J. 톰슨은 원자가 이런 이름을 가질 자격이 없다는 사실을 밝혀냈어요. 원자 안에는 훨씬 더 작은 알갱이로서 전류를 전달하는 전자가 들어있었기 때문이지요. 따라서 전류는 작은 입자들이 이동하는 것입니다.

레우시푸스
최초의 원자설 제창자로 알려져 있다.

지식 넓히기

1900년에 막스 플랑크 교수는 대담한 가설을 내놓았지요. 물질은 불연속적이기 때문에 물질이 방출하는 에너지도 불연속적이라는 것이었어요. 말하자면, 전기회로의 전자들이 진동하면서 헤르츠파를 만들어 낼 때나 우리가 금속을 달굴 때 그 물질에서 방출되는 에너지는 불연속적이라는 것입니다. 막스 플랑크 교수는 이 최소의 에너지 입자를 '양자'라고 불렀습니다.

$E=mc^2$

$$E=mc^2$$

아카데미 올림피아

연방공과대학 시절의 옛 친구 한 명이 나를 위해서 취리히 북쪽에 있는 샤프하우젠의 한 기숙학교에서 후견인 자리를 찾아 줬습니다. 영국 학생 한 명에게 특별 수업을 해 주는 일이었어요. 교장 선생님이 내게 지급하는 돈이 그 학생의 부모님이 내 수업에 대해 지불하는 교육비의 10분의 1에 불과하다는 것을 알고, 나는 교장 선생님과 말다툼을 벌였습니다. 교장 선생님은 오히려 내가 학생을 엄하게 대하지 않는다고 비난하더군요.

다행히도 내 친구인 그로스만이 나를 베른에 있는 연방특허사무소에 추천해 줬습니다. 당시 설립된 지 12년째가 되던 그 사무소는

'기계와 물리학에 상당한 지식을 갖고 있는' 직원을 모집하고 있었지요.

나는 특허사무소의 3급 기술전문가로 채용됐고 1902년 6월 23일부터 일을 시작하기로 했지요.

나는 자연주의 소설에 등장하는 주인공 같은 신세였어요. 한 달에 300프랑이라는 보잘 것 없는 급여를 기다리는 동안, 누추한 골방에 기거하며 호밀 빵과 치즈로 끼니를 때워야 했으니까요. 나는 베른의 한 신문에다 광고를 냈지요.

수학 · 물리학 지도 해드립니다. 시간당 3프랑.
취리히 연방공과대학 졸업생 알베르트 아인슈타인

광고를 보고 찾아 온 것은 대학에서 철학을 공부하고 있는 모리스라는 친구였죠. 그는 대뜸 이렇게 말했습니다.

"현대 물리학을 배우면 좀더 예리한 시각으로 자연을 바라볼 수 있을 것 같아서요."

"훌륭한 생각이야. 나도 김나지움에 다닐 때 철학을 아주 좋아하긴 했는데…… 철학은 너무 모호하고 자의적으로 사실을 기술한다는 생각이 들더군. 그래서 물리학 쪽으로 방향을 돌렸지."

모리스는 나보다 두 살이 어렸어요. 나는 종종 걸으면서 수업을 진행했지요. 우리는 금요일 아침에 길을 떠나서 베른에서 30킬로미터 거리에 있는 호수까지 걸어갔어요. 거기까지 가려면 시간이 많이 소요됐지만, 수업료는 한 시간 분만 계산했지요. 베른까지 돌아오는 길은 기차를 탔고요.

얼마 지나지 않아서 연방공과대학 시절의 옛 친구들인 콘라트와 미켈란젤로가 우리와 함께 공부를 하게 되었지요. 우리는 이 작은 모임을 '아카데미 올림피아'라고 불렀습니다.

특허사무소에서 나는 야채 으깨는 기계, 자동피아노, 손목을 움직이면 태엽이 감기는 시계 같은 것들을 검사했습니다. 도안과 견본품, 계획서, 사용설명서를 자세히 살펴본 뒤에 통과시킬 발명품과 탈락시킬 발명품을 가려냈지요. 이를테면, 누군가가 이미 제출한 것들, 불량이 있는 것들, 납을 금으로 바꾼다거나 연료 없이 영원히 작동할 수 있다고 주장하는 것들이 탈락 대상이었어요.

다행히도 발명품들은 아버지의 작업장에서 봤던 것들과 유사한 전기 기구들이거나 헤르츠파 발신기들이었어요. 자석과 전기회로의 배치가 옳은지 틀린지를 판단하는 일은 내게는 식은 죽 먹기였어요.

내 업무에서 가장 중요한 부분은 발명가들이 견본품에 첨부한 설명서를 수정하는 일이었지요. 기술적이고 논리적인 오류들 때문에 설명서를 이해하기란 여간 어렵지 않았어요. 내가 글 쓰는 법, 아니 사고하는 방법 자체를 배운 것은 특허사무소에 제출된 수백 장의 특허신청서를 수정하는 과정을 통해서였다고 말해도 좋을 겁니다. 특허사무소의 소장님은 직원들에게 비판적으로 사고할 것을 요구했지요.

"특허출원을 검토할 때는 우선 발명가의 말이 모조리 틀렸다는 가정에서부터 출발해야 되네."

내 추천으로 미켈란젤로도 특허사무소에서 일을 하게 됐지요. 그 친구는 우리 집 근처로 이사를 왔고, 일이 끝나면 우리는 함께 집으로 돌아오곤 했습니다. 아카데미 올림피아도 여전히 계속됐고, 금요일에는 호숫가나 산에서 그리고 주말 저녁에는 우리 집에서 모임을 가졌지요. 지금도 기억이 나네요. 1904년 5월 14일 물리학 제자인 모리스, 그리고 두 친구 콘라트와 미켈란젤로가 저의 집에 찾아온 날 말이에요.

열띤 토론

"너희들은 내가 몇 년 전부터 지구의 공전과 에테르의 상관관계와 빛의 속도에 대한 문제로 머리를 쥐어짜고 있다는 걸 알고 있을 거야. 나는 어떤 선입관도 없이 이 문제들을 연구하기로 결심했지. 우리는 우리가 사용하고 있는 용어들을 제대로 알고나 있는 걸까? 우선, 에테르부터 시작해 보자고. 사람들은 빛의 파동성을 설명하기 위해서 에테르라는 것을 생각해냈지만, 에테르의 성질에 대해

유체
액체와 기체를 합쳐 부르는 용어.

서는 전혀 아는 바가 없어. 너희들도 이 점에 대해서는 동의할 거야."

"그건 눈에 보이지 않는 유체지."

"아마 이 싸구려 와인보다 맛이 없을 거예요."

모리스가 와인 잔을 흔들며 말했어요.

"에테르가 존재한다는 증거는 어디에도 없으니까 에테르는 잊어 버리고 다른 용어들을 생각해 보자고. 너희들은 속도가 뭔지 알아? 그리고 이동은?"

나는 탐험대의 대장처럼 친구들에게 질문을 던졌어요.

"물론 알지! 그런데 굉장히 묘한 질문이네!"

"콘라트, 너는 지금 움직이고 있니?"

"알베르트, 나는 이 편안한 안락의자에 앉아서 앞으로 한 시간은 움직이지 않을 거야."

"그럼 너는 정지해 있는 거네? 속도는 0이고?"

"그렇지."

"하지만 넌 지구의 축을 중심으로 돌고 있고 또 태양 둘레를 돌고 있어."

"아! 알베르트. 네가 지금 무슨 말을 하려는지 알겠다. 사실은 내가 지금 아주 빨리 움직이고 있다는 말이지?"

"맞아, 그러니 안락의자에서 떨어지지 않게 조심하라고!"

"어쨌든 지구를 기준으로 했을 때는 우리가 상대적으로 움직이지 않고 있는 거네?"

"그래 맞아. 그런데 콘라트, 네가 움직이지 않고 있다는 걸 확신할 수 있어?"

"뭐…… 그렇다고 할 수 있지……."

"자, 그럼 네가 깜박 졸다가 깼다고 상상해 봐. 너도 알겠지만, 사람들은 자다 깨면 방향 감각이 흐려지지. 자기가 어디 있는지도 잊어 버리고 말이야. 이 방이 기차 안이라고 가정해 보자. 잠에서 깼을 때, 기차가 달리고 있는지 아닌지 알 수 있겠니?"

"기차가 달리고 있다면 소리가 나겠지. 창문을 내다보고 풍경이 지나가는지 보는 방법도 있고."

미켈란젤로가 말했습니다.

"오, 훌륭한 지적이야. 그럼 기차가 아주 조용히, 아무런 흔들림도 없이 부드럽게 달리고 있고 창문에는 커튼이 내려져 있다고 가정해 봐."

"알겠어. 기차가 달리는지 아닌지 판단하기 힘든 상황을 상상해 보란 말이구나."

콘라트 역시 저의 이야기를 잘 이해해 주었죠.

"바로 그거야. 둘 사이에는 어떤 차이도 없어. 그건 마치 기차가 정지해 있는 상태와도 같아. 기차가 시속 50킬로미터로 달리고 있고 네가 그 기차 안에서 시속 5킬로미터의 속도로 걷는다고 해도, 너는 그냥 시속 5킬로미터의 속도로 걷는다는 느낌을 받게 되지.

그러고 보니 미켈란젤로, 어떤 물체가 움직이지 않는다고 단언하기 위해서는 무엇을 기준으로 움직이지 않는지를 명확하게 밝혀야 한다고 최초로 언급한 사람이 바로 너랑 같은 고향 사람인 갈릴레이야."

물리학자가 아니었던 모리스는 우리가 하는 말을 알아들으려고 어찌나 집중을 했는지 얼굴에 경련이 일어날 지경이었어요. 그가 불현듯 표정을 누그러뜨리며 함박웃음을 지었죠.

"아, 작년에 배웠던 것 기억나요. 뉴턴의 이론으로 들어가기 전에 먼저 갈릴레이의 이론을 얘기해 줬었죠. 가만…… 상대 원리였던가?"

"상대성 원리지! 먼저 갈릴레이는 밑바닥에 화물을 실은 배를 예로 들었어. 화물은 선박을 기준으로 했을 때는 움직이지 않았지만, 지구를 기준으로 했을 때는 움직였으니까 말이야. 이어서 갈릴레이는 물고기가 들어있는 어항이 배 갑판에 놓여 있는 상황을 예로 들었어. 배가 가속을 하면 물고기들은 어항의 뒤쪽으로 끌려가겠지. 배가 속도를 늦추면 물고기들은 앞쪽으로 끌려가고 말이야.

배가 가속을 하면 물고기들은 어항의 뒤쪽으로 간다.

배가 속도를 늦추면 물고기들은 어항의 앞쪽으로 간다.

배가 등속직선운동을 하면 물고기들은 배의 움직임을 느끼지 못한다.

물론 우리도 기차를 탈 때마다 이와 비슷한 현상을 겪게 되지. 자, 핵심적이고 기본적인 대목은 바로 이거야. 즉, 만약 배가 등속직선운동을 한다면 물고기들은 배의 운동을 전혀 느끼지 못한 채 헤엄을 치게 돼. 지구를 기준으로 했을 때 어항은 이동을 하고 있지만, 마치 어항이 정지해 있기라도 한 것처럼 물고기들은 그것을 느끼지 못하지."

그 때 모리스가 난처한 표정으로 나에게 말했어요.

"선생님 물고기 얘기가 나와서 말인데요……. 선생님이 말씀 도중에 캐비아를 다 먹어 버렸네요! 맛이 괜찮았어요?"

"정말? 내가 다 먹었어? 어, 틀림없이 맛있었을 거야. 그런데 내가 어디까지 얘기했더라? 아, 그래. 동일한 속도로 달리는 배가 상대적으로 만들어 내는 운동은 항구에 정박된 배의 운동과 유사하지. 갈릴레이는 선실에서 뜀뛰기를 하는 사람을 예로 들었어. 배가 부두에 정박돼 있을 때나 바다에서 달릴 때나 그 사람이 뛰는 거리는 동일해. 또한 갈릴레이는 '관성'의 개념도 발견했어."

그러자 모리스가 활짝 웃으며 말했습니다.

"그건 뉴턴의 제1 법칙이죠. 작년에 선생님이 가르쳐 줬잖아요. 이제 기억나네요. 정말 대단한 토론이었어요. 자전거를 탈 때 자전거가 혼자서 무한하게 앞으로 나갈 수 없다고 제가 그랬죠. 가끔씩 페달을 밟아 줘야 한다고 말이에요. 그랬더니 선생님은 나더러 아리스토텔레스처럼 생각한다고 했지요."

등속직선운동
물체의 속도와 운동방향이 한 개의 값으로 일정하게 유지되는 운동.

관성
정지하고 있던 물체는 계속 정지하려는 성질을 갖고, 운동을 하는 물체는 계속해서 운동을 하려는 성질을 갖는 것을 말한다. 질량이 클수록 관성도 크다.

 **지식 넓히기**

뉴턴은 제1 법칙에서 '움직이지 않거나 또는 등속직선운동을 하는 물체는 그 물체에 힘을 가하지 않는 한 동일한 상태를 유지한다'고 했어요. 이것은 갈릴레이에 비해 한 걸음 퇴보한 것이죠. 갈릴레이는 '부동'은 '등속직선운동'과 다르지 않다는 사실을 확실히 보여 줬으니까 말이죠. 갈릴레이에게 있어서, 부동성은 존재하지 않죠. 하지만 뉴턴에게는 부동성이 존재합니다.

"옛날 그리스인들은 물체는 무기력해서 저절로 움직임을 멈춘다고 봤지. 갈릴레이와 뉴턴은 물체를 멈추는 것이 마찰의 힘이라는 사실을 알아냈어. 사실, 물체는 너무나 무기력해서 절대 혼자서는 자신들의 상태를 바꾸지 못하지. 자, 너희들은 어떻게 생각해? 우주에서 움직이지 않는 물체가 있을까?"

"태양!"

모두가 입을 모아 말했습니다.

"태양은 은하수 속에 있는 흔한 별들 중의 하나고, 다른 별들과 마찬가지로 움직이고 있지. 하지만 뉴턴은 별들을 포함해서 이 우주 전체는 움직이지 않는다고 결론을 내렸어. 하느님이 우주를 창조하실 때 움직이지 않게 만드셨다고 하면서 말이지. 적어도 하느님만은 물체가 움직이는지 움직이지 않는지를 알고 계시노라고 뉴턴은 말했어. '하느님만이 아신다'는 말이 철학에서는 흥미로울지 모르지만 물리학 이론에서는 아무 역할도 하지 못한다는 데 대해서 너희들도 이의가 없을 거라고 봐."

"절대기준계는 바로 에테르잖아!"

"그래, 물리학자들이 뉴턴의 하느님을 대신할 것을 찾으려고 절망적으로 애를 쓰고 있다는 사실을 너희들도 아는 모양이구나. 에테르는 우주 안에서 움직이지 않는 것을 상징적으로 지칭하는 것이지. 만약 그것이 존재한다면 말이야."

"절대공간이 존재하지 않는다는 얘기야?"

절대공간
뉴턴은 "절대공간은 외부의 어떠한 것과도 관계없이 항상 똑같은 상태로 정지해 있다"고 주장했다. 하지만 상대성 이론의 등장으로 그의 절대공간은 부정되었다.

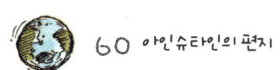

미켈란젤로가 눈을 크게 뜨고 내게 물었습니다.

"존재하지 않지. 모든 것은 상대적이거든!"

그러자 콘라트가 내 옆으로 바싹 다가앉으며 물었습니다.

"만약에 에테르가 존재하지 않는다면, 별빛은 어떻게 설명할 거야? 별이 우리로부터 가까워지거나 멀어지는 것에 따라서 별빛의 속도가 달라질 수도 있잖아."

"그게 바로 내가 두 번째로 주장하고자 하는 바야. 즉, 광속(빛의 속도)은 항상 동일하다는 것이지. 에테르도 없고 절대공간이라는 것도 없지만, 빛은 항상 동일한 속도로 움직이지. 우주에서 유일하게. 하지만 다른 것들은 모두 다 상대적이야. 너희들은 이것이 뭘 의미한다고 생각해?"

친구들은 아직 이해가 안 간다는 표정이었어요.

"글쎄……. 네가 이미 다 얘기했잖아. '물체의 속도는 상대적이다. 광속을 제외한 모든 속도는 상대적이다' 라고 말이야."

콘라트는 자신이 없는 듯 대답했죠.

"아이고, 어지러워. 이건 단순히 포도주 때문만은 아니야……."

모리스도 더 이상 내 설명을 듣고 싶어하지 않았습니다.

"모리스, 그건 네가 알베르트를 잘 모르고 하는 얘기야. 알베르트는 이미 대학 때부터 기상천외한 생각을 했다고. 빛에 걸터앉는 상상을 했거든!"

미켈란젤로가 모리스의 어깨를 치며 말했습니다.

"자, 뉴턴의 세계에서는 우리가 광속에 도달할 수 있고 광속을 초월할 수도 있어. 하지만 실제 세계에서는 그럴 수가 없어. 속도가 아주 빨라지면 공간이 수축하고 시간이 느려져서, 결과적으로 우리는 빛의 속도에 도달할 수가 없으니까 말이야."

"시간이 느려지는지 어쩐지는 모르겠지만, 지금은 새벽 3시야. 이만하면 아카데미 올림피아를 끝내도 될 것 같은데!"

모두들 졸린 듯 눈을 비볐습니다.

"정말? 하지만 시간이 느려지는 이유를 설명해야 하는데!"

"그럼, 다음 모임 때까지 머릿속에 잘 담아 두고 있으라고, 알베르트."

시간 여행은 가능할까?

페기 학생이 온 힘을 다해서 달리기를 한다거나 기차를 타고 간다고 해서 이상한 나라의 앨리스처럼 줄어든다거나 시계가 안 맞는 일은 없지요. 이런 이상한 현상은 물체가 엄청난 속도로 이동하는 경우에만 나타나는 거예요. 이를테면 광속의 4분의 1 정도 되는 속도 말이지요. 나중에 내 이론은 고주파 전자가속기라고 하는 큰 기계 속에서 전자를 가속시켜 본 결과, 옳다는 것이 입증됐어요.

내 이론은 물체의 질량에도 적용되지요. 다시 말해서, 질량은 속

질량
장소나 상태에 따라 달라지지 않는 물질의 고유한 양. 이에 반해 무게는 장소에 따라 중력에 의해 그 무게가 달라진다.

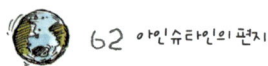

도에 비례해서 증가한다는 것입니다. 전자같은 아주 작은 물체의 경우에는 그게 큰 문제가 아니죠. 하지만 그 물체가 페기 학생이나 나라면, 우리 몸을 이루는 분자들의 질량이 증가하면서 무시무시한 결과를 낳을 겁니다.

전자
원자핵의 주위를 도는 소립자의 하나.

일전에 프린스턴 대학 식당에서 어떤 남학생을 만났어요. 페기 학생이 그랬던 것처럼, 그 남학생도 내가 앉아 있던 탁자로 다가와 앉더군요. 솔직히 말해서, 페기 학생보다 상냥하던걸요. 말투가 아주 공손했지요.

"아인슈타인 교수님, 하나만 여쭤 봐도 좋을까요."

"그럼."

"우리가 빛의 속도를 앞지르는 것은 진짜 불가능한가요?"

"현재 우리의 지식으로는 확실히 불가능하지."

"만약에 빛을 추월하려고 한다면 어떤 일이 벌어지는데요?"

"우리가 광속에 근접하게 되면 우리 몸의 질량이 증가해서, 계속해서 가속하려면 엄청난 양의 에너지가 필요해지지. 궁극적으로 보자면, 무한한 양의 에너지가 필요해진다고 할 수 있어! 광속으로 날아갈 수 있는 건, 오로지 빛밖에 없지."

"그럼 시간여행은 어떨까요? 시간여행이 가능하다고 보세요?"

"미안하지만, 또 아니라는 대답을 해야겠는걸. 내가 보기에 시간여행은 불가능해."

"예전에 상대성 이론과 관련된 공상과학소설을 읽었는데요. 어떤 사람이 우주를 여행하고 지구로 돌아왔더니 자식들이 더 늙어 있더라는 얘기였어요."

"그건 좀 심했는걸. 아주 오랜 기간을 극도로 빠른 속도로 여행한다고 해도 단 몇 분밖에는 젊어질 수 없거든……. 폴 랑주뱅은 쌍둥이 중 한 명이 광속에 근접한 속도로 우주를 여행하는 경우를 상상했지. 지구로 돌아왔을 때 이 사람은 자기의 쌍둥이 형제보다 더 젊을까? 여기서 기억해야 할 것은, 특수상대성의 결과가 상호적이라는 사실이네.

우주여행을 떠난 쌍둥이를 기준으로 했을 경우에는, 빠른 속도로 멀어지는 사람은 다름 아닌 지구에 남아 있는 자기 형제지. 따라서 더 천천히 늙어야 하는 쪽도 지구에 남아 있는 형제야. 이것을 '랑주뱅의 역설'이라고 부르지. 우선, 물리학자들은 이동 속도가 일정하지 않다는 사실을 지목했지. 쌍둥이가 우주로 떠날 때는 가속을 하지만, 지구로 돌아오기 위해서는 반 회전을 해야 해. 따라서 나이 차이는 지구로 돌아오는 사이에 없어질 수 있지. 사실, 우주여행을 한 쌍둥이는 지구에 남아 있는 자기 형제보다 실제로 약간 느린 속도로 나이를 먹는다네. 그렇다고는 해도, 달 여행을 했거나 지구 주위를 돌고 있는 인공위성 안에서 여러 달을 보내고 온 우주비행사들이 눈에 띌 만큼 많이 젊어지지는 않아! 우리는 아인슈타인의 이상한 세계가 아니라 뉴턴의 합리적인 세계 속에서 살기 때문이지."

폴 랑주뱅
프랑스의 물리학자. 2차 X선 연구, 상대론과 초음파 등을 연구했다.

지식 넓히기

제 세 번째 논문 《빛의 발생과 변환에 관한, 발견에 도움이 되는 관점에 관하여》에서는 막스 플랑크 교수가 1900년에 내놓은 양자 가설을 발전시켰지요. 플랑크 교수는 금속에 빛을 쏘이면 금속 원자들이 입자 형태의 빛 에너지를 불연속적으로 발생시킨다고 봤어요. 이 입자들을 가리켜 '양자'라고 부르죠. 하지만 플랑크 교수가 빛이 파동적이며 연속적인 성질을 갖고 있다는 것을 부정한 것은 아니었어요. 빛은 불연속적이에요. 이미 고대그리스인들과 데카르트와 뉴턴이 추측했던 것처럼 말이지요. 하지만 오늘날 사람들이 '광자'라고 부르는 빛 입자들은 파동의 성질도 갖고 있어요. 간섭 현상은 빛의 이 파동적 성질 때문에 일어나는 것이지요. 나는 논문 속에다 내 가설을 증명할 수 있는 방법까지 제시했죠.

새로운 이론을 제시한 내 논문은 1905년 물리학 연보에 발표됐지요. 그보다 한참 세월이 흐른 뒤에 나는 아주 유명해졌고, 작가들은 아직 죽지도 않은 나를 가지고 여러 권의 전기를 썼어요. 그들은 너나없이 1905년을 일컬어 '기적의 해'라고 불렀지요. 사실 이 논문을 발표하기 전에도 나는 이미 중요한 논문 세 편을 물리학 연보에 발표했답니다.

상대성 이론의 탄생

오늘날 모든 이들은 내가 '상대성 이론'을 발견했다고 생각하지요. 사실 1905년 6월에 나온 내 논문의 제목은 《움직이는 물체의 전자기학에 관하여》였어요.

나는 상대성 이론의 공을 갈릴레이에게 돌리고 싶어요. 갈릴레이가 상대성 이론을 물질적인 대상에 적용했다면, 나는 그것을 빛에 적용한 것이니까요. 결과적으로 내 연구는 우주 공간과 시간에 대한 개념을 혁신적으로 바꿔 놓았지요.

물리학자들은 내가 논문에서 제안한 길이 수축 개념에 대해서는 그다지 놀라지 않은 것처럼 보였어요. 로렌츠 교수의 길이 수축 개념과 유사한 면이 있었기 때문이지요. 하지만 시간 연장의 개념에 대해서는 상당히 곤혹스러워했죠. 나는 논문을 시작하면서 먼저 시간 개념에 대한 간략한 분석을 했습니다. 시간을 재거나 두 사건 사이의 시간 경과를 언급할 때, 우리는 무의식적으로 동시성에 초점을 맞추게 됩니다. 주머니에서 시계를 꺼내면서(내가 연구를 할 당시에는 아직까지 손목시계가 보편화되지 못했을 때였답니다.) 우리는 "기차는 7시에 도착할 거야." 하고 말하죠. 사실 이 말은, 기차가 도착하는 순간에 시계 바늘이 숫자 7 앞을 지나간다는 뜻이지요.

우리는 기차의 도착과 바늘이 숫자 7 앞을 지나가는 일이 동시에 일어났다고 생각합니다. 그런데 이 상황 속에는 상당히 복잡한 과정이 숨어 있습니다. 우리는 기차가 오는 것을 보고 시계를 쳐다봅니다. 다시 말해서, 기차로부터 온 광선과 시계로부터 나오는 광선이 우리 눈에 동시에 와 닿는 것이지요. 만약 시계와 기차가 우리 눈과 동일한 거리에 있지 않다면 두 사건은 동시성을 가진다고 할 수 없습니다. 실험을 해 보면 이해하기가 좀 더 쉬울 거예요.

두 번갯불에서 뻗어 나온 두 광원 1과 2의 정중앙에 기차에 탄

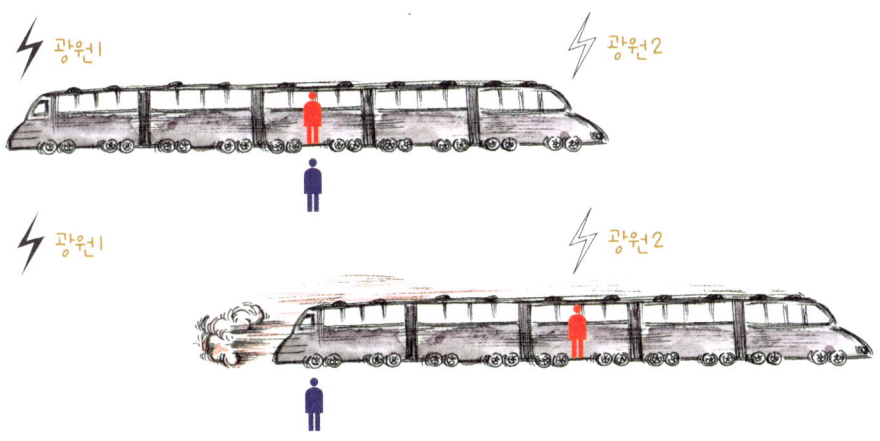

관찰자와 플랫폼이 서 있는 관찰자가 있습니다. 관찰자가 두 번갯불을 동시에 볼 경우, 우리는 두 번개가 동시에 쳤다고 말할 수 있겠죠. 이제, 기차에 탄 관찰자가 광원 1에서는 멀어지고 광원 2쪽으로는 가까워지는 방향으로 움직이고 있다고 상상해 봅시다. 그 관찰자는 광원 1보다 광원 2를 먼저 보겠지요. 실제로는 관찰자의 속도가 빛의 속도에 비해 매우 느리기 때문에 그 차이도 매우 미미합니다. 하지만 중요한 사실은, 이론적으로는 그러한 차이가 존재한다는 것이죠.

또 이론상으로는, 북극의 시계와 적도의 시계를 비교해서 시간 연장을 확인하는 것이 가능합니다. 북극의 시계는 지구에 대해 상대적으로 약간 정지해 있는데 반해서, 적도의 시계는 24시간에 지구를 한 바퀴 돌지요. 이 때문에 적도의 시계는 약간 느리게 가게 됩니다. 실제로는 그 차이가 아주 미미해서 측정하기가 극히 어렵지요. 1938년이 돼서야 비로소 진동으로 시간을 표시하는 원자를 사용해서 시간 연장을 확인하는데 성공할 수 있었어요.

우리가 시간을 측정하는 방법은 동시성의 개념에 의지하고 있어요. 그런데 시간은 상대적이지요.

물리학 연보에 상대성 이론을 발표한 그 해 여름, 나는 헝가리 남부에 있는 노비사드에 갔지요. 나는 친구인 콘라트에게 이런 편지를 썼어요.

내게 재미난 생각이 떠올랐다네. 상대성 이론과 맥스웰의 방정식을 결합하는 거야. 즉, 물체의 질량은 그 물체가 갖고 있는 에너지를 표현하는 수단이라고 말일세. 그렇게 본다면, 빛은 에너지의 형태로 질량을 운반한다고 말할 수 있지. 라듐의 무게를 재보면 이 가설을 확인할 수 있으리라고 봐. 자네도 알겠지만, 퀴리 부부가 발견한 이 물질은 엄청난 양의 방사선 에너지를 방출하지. 틀림없이 라듐의 질량이 감소할 걸세!

나는 휴가에서 돌아온 뒤, 여기에 관한 짧은 논문을 물리학 연보에 보냈어요. 《물체의 관성은 에너지 함유량에 의존하는가?》라는 제목의 논문이었죠. 에너지의 형태로 물체의 질량을 표현해 주는 공식은 다음에 보다시피 매우 간단하지요.

$$E = mc^2$$

(에너지는 질량 곱하기 속도의 제곱)

이 짧은 공식은 방사능에서 관찰되는 수수께끼 같은 현상을 설명해 줍니다. 베크렐과 퀴리 부부는 우라늄염과 라듐염이 방출하는 에너지의 출처를 궁금해 했어요. 내가 거기에 대한 대답을 한 셈이 됐지요. 우라늄염과 라듐염은 매우 느린 속도로 줄어들면서, 상대적으로 극히 적은 양의 질량을 방사선으로 바꿨던 겁니다. 광속의 제곱은 무한히 큰 수이기 때문에 극히 적은 양의 질량이라도

베크렐
프랑스의 물리학자. 자연적으로 형광작용을 가지는 물질들을 조사한 결과 우라늄염에서 모종의 방사선이 나온다는 것을 발견했다. 1903년 퀴리 부부와 함께 노벨물리학상을 수상.

퀴리 부부
프랑스인 피에르 퀴리와 폴란드인 마리 퀴리 부부. 라듐과 플루토늄을 발견하여 1903년 노벨물리학상을 수상했다. 방사선 물질의 양을 나타내는 단위인 퀴리는 이들 부부의 이름에서 따온 것이다.

대단한 양의 에너지를 만들어 냅니다. 우리가 불이라고 부르는, 물체의 화학적 연소는 그에 비하면 아무것도 아니죠. 태양이 꺼지지도 않고 수백만 년을 빛나고 있는 것은 엄청난 질량이 빛의 자양분이 돼 주고 있기 때문이에요. 만약 태양이 석탄처럼 탄다면 1천5백 년이면 완전히 연소된다고 해요.

페기 학생은 틀림없이 나의 이 '재미있는 생각'이 무시무시한 범죄의 시초를 제공했다고 생각할 겁니다. 히로시마와 나가사키에 떨어진 원자폭탄 말이에요.

페기 학생, 나는 페기 학생이 이것만은 꼭 알았으면 좋겠어요. 질량이 커지면 에너지도 커지는 것이 자연의 본성이라는 사실을 말이죠. 나는 그것을 발명한 것이 아니라 발견했을 뿐이랍니다.

영광과 비난

나는 스위스 취리히에 있는 특허사무소에 나가기 시작했습니다. 누구처럼, 자고 났더니 유명한 아인슈타인이 되어 있지는 않았던 것이죠. 그 다음 해 여름, 젊은 독일인 물리학자인 라우에가 나를 만나려고 베른까지 찾아왔어요. 라우에는 특허사무소에 들어와 나를 찾았죠. 사람들은 내가 곧 돌아올 거라고 말해 줬고요. 하지만 내가 방으로 들어서는데도 라우에는 자리에서 일어날 생각을 하지

라우에
독일의 물리학자. 나치스 정권 하에서는 망명한 과학자들을 적극 원조했고, 제2차 세계대전 후에는 독일 물리학회의 재건에 활약했다. 1914년 노벨물리학상 수상.

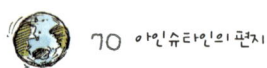

않더군요. 물리학 연보에 논문 여러 편을 낸 사람이 반소매 셔츠에 샌들을 신은 작달막한 젊은이일 줄은 미처 몰랐던 것이죠.

라우에는 1905년 가을부터 베를린에 있는 막스 플랑크 교수의 실험실에서 일을 하고 있다며 자신을 소개 했어요. 그리고 내 논문들이 매우 인상적이었고, 양자의 창시자인 막스 플랑크 교수가 그 논문들을 강연에서 언급했다는 얘기도 전해 줬어요.

"플랑크 교수님은 그 이론을 믿지 않으세요. 에너지가 양자의 형태로 방출된다고는 하지만 거기에 대한 증거가 없으니까요. 지금까지의 실험들을 보면, 빛은 입자가 튀어나가는 형태가 아니라 파동의 형태를 취하죠."

라우에의 말에 나는 고개를 끄덕이며 대답했어요..

"그건 새롭게 실험을 해 볼 필요가 있어요. 내가 쓴, 움직이는 물체의 전자기학에 대한 논문도 읽었나요?"

"네. 하지만 제대로 이해를 했는지 자신이 없네요. 그 논문은 물리학적이라기보다 형이상학적으로 보이더군요."

라우에의 양미간에 주름이 생겼어요.

"어쨌든 라우에 씨. 내가 에테르를 폐기하라고 제안한 사실은 알고 계시리라고 봅니다. 만약 에테르가 없다면 빛은 평범한 파동일 수가 없지요. 그런데 별이 무수한 작은 빛 알갱이들을 분출시키고 그 알갱이들이 우리 눈 속에 떨어지는 것이라고 본다면, 모든 문제가 해결돼요."

차츰차츰 좁은 물리학계에 내 이론이 알려지기 시작했지만, 사람들은 그것을 쉽게 받아들이지 못했어요. 유명한 물리학자들이 다양한 반대 의견을 제기했고, 나는 거기에 대답하기 위해서 여러 편의 논문을 썼죠. 1902년에 노벨상을 받은 로렌츠 교수도 그 중 한 사람이었어요.

예전부터 우러러 보던 이 뛰어난 학자와 서신을 교환한다는 사실에 나는 가슴이 뛰었어요. 게다가 로렌츠 교수와의 서신 교환은 매우 유익하기도 했죠. 덕분에 내 이론을 보다 견고하게 만들 수 있었으니까요.

로렌츠 교수는 전자가 동그란 형태이며, 운동을 하게 되면 모양이 납작하게 바뀐다고 생각했지만, 나는 동의하지 않았어요. 물체는 수축되지 않으며, 형태를 바꾸는 것은 물체가 아니라 바로 공간이기 때문이죠. 나중에 들은 바로는, 로렌츠 교수의 친구이자 프랑스의 위대한 수학자인 앙리 푸앵카레도 나와 비슷한 생각을 했다고 해요.

수많은 학자들이 내 이론을 맹렬하게 비판했어요. 일부 까다로운 사람들은 내 이론이 아닌 내 인격에 시비를 걸었죠. 만 스물여섯 살밖에 안 된 말단 공무원이 수십 년 동안 현대 물리학을 연구해 온 유명한 교수님들 앞에서 감히 새로운 관점을 제기한다고 말이지요.

그들은 상대성 이론을 받아들일 준비를 하면서도, 한편으로는

앙리 푸앵카레
1907년 세인트루이스에서 개최된 세계 박람회에서 푸앵카레는 '상대성 이론'이라는 제목으로 강의를 했다.

내게서 상대성 이론의 창시자 자격을 박탈했어요. 그들은 내가 로렌츠 교수와 푸앵카레의 생각을 표절했다고 말했죠.

이런 논란들은 신문에까지 실렸답니다.

"스위스 출신의 젊은 물리학자, 시간이 마치 고무줄처럼 늘어난다고 주장하다."

"기차가 도착할 때 시계가 늦는다고 해도 놀라지 마시라! 특허사무소 직원이 엉뚱한 이론을 내놓다."

"한 물리학자가 스위스 시계의 정확성에 이의를 제기하다."

물리학자들이 내 연구 결과에 대해 무관심과 신중함 그리고 의심을 하는 사이에, 스위스 학계가 나를 주목하기 시작했어요. 폐기 학생이 스위스의 저명한 학자라고 한번 상상해 보세요. 유명한 알베르트 아인슈타인이 베른의 말단 공무원이라는 사실을 고백하려면 좀 거북살스럽겠지요? 그래서 스위스 학계의 권위자들은 내게 대학에 들어갈 것을 권했어요. 결국 나는 특허사무국일도 계속 병행하면서 시간 강사가 됐어요.

나의 첫 학기 수업에 들어온 사람은 아카데미 올림피아의 회원인 미켈란젤로를 포함해서 내 친구들 세 명뿐이었죠. 다음 학기에는 진짜 학생 한 명이 들어와 수강생은 네 명이 됐어요. 이런 저런 이유로 친구들이 모두 수업에 나오지 않게 되는 바람에 결국 그 학생만 남게 됐지만······.

얼마 뒤인 1909년 9월, 나는 처음으로 국제물리학회에 초대를 받게 됐어요. 오스트리아의 짤즈부르크에서 열리는 학회였지요. 그 학회에서, 수년 동안 서신 교환만 해 왔던 막스 플랑크 교수를 마침내 만날 수 있었어요. 위대한 학자인 막스 플랑크 교수가 나를 극구 칭찬하는 통에, 몸 둘 바를 모르겠더군요. 내 이론에 상대성 이론이라는 이름을 붙여 준 사람도 바로 막스 플랑크 교수죠. 플랑크 교수는 '움직이는 물체의 전자기학'이라고 말하는데 진력이 났던 모양인지, 처음에는 내 이론을 '상대적인 이론'이라고 부르다가 나중에는 '아인슈타인의 상대성 이론'으로 불렀지요.

그 이후 내 이론이 더 많이 알려지면서 사람들은 정치나 역사 같은 다른 분야에까지 내 이론을 적용시켰어요. '아인슈타인이 말했듯이 모든 것은 상대적이다'라는 식으로 말이죠.

하지만 이 표현이 정치에서는 들어맞을지 모르겠지만, 내 이론에는 전혀 어울리지 않아요. 내 이론을 제대로 얘기하자면, 빛의 속도는 변하지 않는다는 것입니다. 따라서 내 이론에 '불변성의 이론'이라는 이름을 붙이는 것도 충분히 가능하지요.

바야흐로 나는 스타가 되고 있었어요. 사실 특허사무소 동료들은 물리학에 그다지 관심이 없었기 때문에, 사람들 사이에서 내 얘기가 떠돌고 있다는 사실을 알지 못했어요.

그런데 어느 날, 보잘 것 없는 행정직에 근무하는 무명의 인물을 곧장 교수로 임명하는 이변이 일어난 겁니다. 물리학계의 큰 별이라고 할 수 있는 베를린 대학의 교수들이 나를 만나려고 직접 취리히까지 찾아왔을 때, 놀란 동료들의 표정이란!

1911년 3월, 나는 다시 이사를 했어요. 프라하 대학에서 내게 정교수 자리를 제안했기 때문이었죠. 프라하 대학은 명문 대학이었어요. 위대한 학자인 어니스트 마흐가 오랜 기간 학장으로 있었던 곳이죠. 그 당시에는 마흐의 나이가 상당히 많았어요. 마흐는 소리의 전달을 연구했는데, 마흐의 업적을 기려서 사람들은 음속에다 이 학자의 이름을 붙였죠.

어니스트 마흐
오스트리아의 물리학자. 초음속을 연구했으며 그의 공로를 인정하여 제트기의 속도를 나타낼 때 마하1, 마하2 등으로 부른다.

마흐는 자신의 저서들 중 하나에서 뉴턴의 절대공간과 절대시간을 비판하기도 했어요. 그 책은 내게 많은 영향을 끼쳤죠. 마흐는 또한 물체의 질량에 관해서 매우 독창적인 생각을 내놓았답니다. 그의 영향으로 프라하 대학은 과학 분야가 상당히 앞서 있었어요. 사실, 내가 프라하 대학을 선택한 결정적인 이유는 바로 프라하 대학의 도서관 때문이었어요. 이 대학 도서관의 장서는 취리히 대학 도서관과는 비교도 되지 않을 정도로 많았죠.

엘리베이터 안에서

페기 학생, 상대성 이론은 2층집과 비슷해요. 1층은 흔히 우리가 지구라고 생각하는 '관성계'에 제한된 특수상대성 이론이죠. 집의 2층에 해당하는 일반상대성 이론은 태양과 행성들의 인력, 다시 말해서 '중력'을 고려해야만 합니다.

1907년 《등가원리》에 관한 논문을 시작으로 나는 1층에서 2층으로 올라가는 긴 계단에 첫발을 내딛게 됩니다.

등가원리
중력을 만드는 만유인력과 관성력(물체의 질량에 물체의 가속도를 곱한 값)은 같은 힘으로서, 구별할 수 없다는 원리.

마치 어제 일처럼 생생하네요. 나는 특허사무소 사무실에 앉아서 평소처럼 몽상에 잠겨 있었죠. 얼마 전에 나의 아들 한스와 같이 읽었던 《이상한 나라의 앨리스》 생각을 하면서 말이에요.

나는 내가 끝없이 밑으로 떨어져 내리는 엘리베이터를 탔다고 상상했어요. 줄이 끊어져 버린 엘리베이터를 말이죠.

놀라웠어요. 마치 중력에서 해방된 것처럼 내 몸이 공중에 붕 뜨는 게 아니겠어요? 머리카락은 메두사의 뱀 머리카락처럼 위로 솟구쳐 올랐죠. 주머니에서 담배 파이프를 꺼내 보았어요. 이럴 수

가. 파이프도 공중에 떴어요! 나는 웃음이 터져 나왔죠. 중력이 절대적인 현상이 아니라 상대적인 현상이라는 사실을 발견한 겁니다. 엘리베이터 안에서 나는 어떤 힘도, 다시 말해서 어떤 가속도도 느끼지 못했어요.

이어서 나는 내 상상의 엘리베이터를 지구와 태양으로부터 아주 멀리 떨어진 우주 공간으로 옮겨 보았어요.

아! 나는 계속해서 떠 있었어요. 머리카락도 담배 파이프도 마찬가지였죠! 만약 내가 자다가 깼다면, 내가 있는 곳이 떨어지는 엘리베이터 안인지, 아니면 우주 공간으로 나간 엘리베이터 안인지 구분할 수 없었을 겁니다.

나는 아주 이상한 상상을 했지요. 우주 저 위에서 천사가 엘리베이터의 끈을 잡고 세게 당긴다고 말이지요. 요즘이었다면 그것보다는 엘리베이터에 로켓 엔진을 달았다는 상상을 했겠죠. 만약 로켓 엔진에 불을 붙인다면 어떻게 될까요. 엘리베이터는 가속 운동을 하게 됩니다. 그러면 나와 물건들은 공중에 떠 있을 수 없게 되지요. 그럼 바닥으로 곤두박질을 치는 거죠.

1911년, 나는 아인슈타인의 엘리베이터에 관한 새로운 논문을 발표했어요. 그 논문에서 나는 아주 간단한 의문을 내놓았죠. 광선이 엘리베이터를 통과할 때 어떤 일이 벌어질까 하는 것이었어요. 나는 엘리베이터 양옆에 창문을 하나씩 냈어요. 상상의 엘리베이터였기 때문에 돈은 전혀 안 들었답니다!

빛은 왼쪽 창문으로 들어옵니다. 일어나는 현상을 잘 이해하기 위해서, 나는 빛 알갱이 하나의 궤적을 관찰해 보기로 했어요. 엘리베이터가 가속할 때 빛 알갱이의 궤적을 그대로 따라가는 것이지요.

빛 알갱이는 왼쪽 창문을 통해 엘리베이터 앞쪽으로부터 들어와서 내 앞을 지나간 다음, 엘리베이터 뒤쪽의 오른쪽 창문으로 나갑니다. 지구와 평행한 방향으로 조약돌을 던졌을 때 조약돌이 포물선을 그리며 땅에 떨어지는 것과 똑같이, 빛 알갱이도 엘리베이터의 바닥을 향해 떨어지는 게 보입니다. 다시 말해서, 광선이 휘어지는 것이지요!

내가 제안한 등가원리는 우주로 나간 엘리베이터 안에서처럼 지구 위에서도 빛이 휘어진다는 사실을 보여줍니다. 즉, 빛이 아름다운 포물선을 그리며 떨어진다는 것이지요. 다만, 빛의 휘어짐을 관찰하기가 극히 어려울 뿐입니다.

두 조로 이루어진 뒤의 그림들은 은하계 사이를 가속도로 날아가고 있는 거대한 우주선을 찍은 사진들입니다. 일정한 시간차를 두고 네 번에 걸쳐 찍은 사진들이지요.

그림 1은 우주선 외부에 있는 관찰자의 시각에서 바라본 것입니다. 우주선은 먼저 위로 두 칸을 진행했고 이어서 네 칸, 여덟 칸을 진행합니다. 속도가 점점 빨라지고 있네요! 광자, 즉 빛 알갱이가 날아가고 있는 우주선을 가로지릅니다.

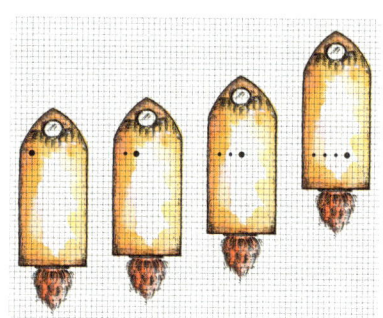

그림1) 외부 관찰자의 시각

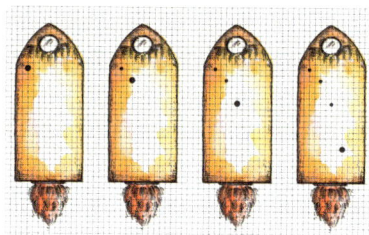

그림2) 우주비행사의 시각

광자는 왼쪽에서 오른쪽으로 일정한 속도로 나아가고 있습니다. 광자가 창문을 통해 우주선 속으로 들어갔으리라는 추측이 가능하지요.

그림 2는 정확히 동일한 사건을 우주선 속에 있는 우주비행사의 시각에서 바라본 것입니다. 광자는 점점 빠른 속도로 우주선의 오른쪽으로 날아갑니다.

그런데 놀랍게도 광자가 포물선을 그리고 있습니다. 마치 지구 표면으로 떨어지는 물체처럼 말이지요.

그렇다면 태양은 어떨까요? 일식을 이용해서 태양을 관찰해 본다면, 정도가 아주 미미하다고는 해도 분명히 빛이 휘어지는 것을 발견할 수 있을 것이라고 나는 생각했습니다. 빛이 휘어지는 각도는 1초보다 작아요. 1초는 3600분의 1도에 해당하지요. 따라서 이것은 아주 작은 각도예요.

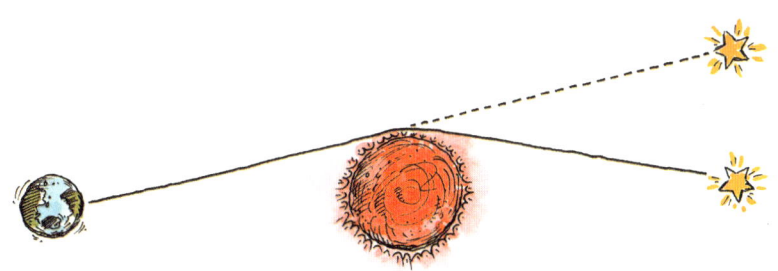

프라하 대학의 내 학생 하나가 베를린으로 강연을 온 유명한 천문학자 프로인틀리히에게 이 얘기를 전했지요. 그 즉시 프로인틀리히는 내 가설을 확인해 보겠노라는 편지를 보내왔어요. 일식이 자주 일어나는 현상은 아니기 때문에, 프로인틀리히는 우선 목성 근처에서 빛의 휘어짐을 측정해 보기로 계획을 세웠죠. 하지만 목성 근처에서 빛이 휘는 각도는 태양의 경우보다 100배나 작았기 때문에 그 계획은 실패로 돌아갔지요.

내 사고실험은 전혀 특별하지 않아요. 누구든 약간의 상상력만 발휘하면 할 수 있답니다.

예를 들어 볼까요. 갈릴레이는 말이지요, 질량에 관계없이 모든 물체는 동일한 속도로 떨어진다고 생각했어요. 속도차가 생기는 것은 공기의 저항 때문이지요. 1킬로그램의 깃털이 1킬로그램의 납보다 느리게 떨어지는 것도 그런 까닭에서입니다. 그래서 갈릴레이는 구슬과 납공을 피사의 탑 아래로 떨어뜨려 봤어요. 둘은 동시에 땅에 떨어졌죠. 지구의 중력은 질량에 상관없이 모든 물체에 동일하게 작용하기 때문에, 갈릴레이와 뉴턴은 질량이 거의 0에 가까운 공이라고 할지라도 다른 것들과 똑같은 속도로 땅에 떨어질 것이라고 추측했어요. 따라서 논리적으로 보자면, 질량이 0인 빛 알갱이도 그와 마찬가지일 겁니다.

나는 빛이 휘어지는 모습을 머릿속으로 자세히 관찰해 봤어요. 빛의 진행 경로는 한 점에서 다른 한 점으로 가는 최단거리지요. 광속을 추월하는 것은 불가능합니다. 따라서 나는 한 점에서 다른 한 점까지의 최단거리는 직선이라는 유클리드 기하학을 버려야만 했어요.

하얀 장미 붉은 장미

세계 전역에서 강연과 학회에 참석해 달라는 요청이 물밀듯이 밀려들었어요. 1913년 3월에는 프랑스 물리학회가 나를 파리로 초대했지요. 그 때 퀴리 부인이 나를 안내해 줬어요.

1913년 당시, 퀴리 부인의 딸인 이렌느는 겨우 열여섯 살이었어요. 하지만 이미 물리학에 관해서는 아는 게 상당히 많았죠. 함께 에펠탑에 올라갔을 때 이렌느가 이런 말을 했던 걸 보면, 아마도

1911년에 발표한 내 논문을 읽은 것 같았어요.

"엘리베이터 줄이 끊어지지 않아야 할 텐데……. 아인슈타인의 엘리베이터는 절대로 타고 싶지 않거든요. 설령 그 엘리베이터를 만들어 낸 사람이랑 같이 탄다고 해도 말이에요!"

"계단으로 올라올걸 그랬지?"

"저야 그러고 싶었지만, 엄마가 힘들어서 안 되죠."

딸의 말에 퀴리 부인이 웃으며 말했습니다.

"아인슈타인 씨, 얘 말이 맞아요. 여러분들한테야 쉬운 일이겠지만요. 다들 젊지, 건강하지, 또 스위스에서 등산도 여러 번 해 보셨을 거 아니에요. 하지만 나같이 늙은 여자가 에펠탑을 계단으로 올라간다는 건 불가능한 일이죠."

"나폴레옹이 그러지 않았습니까? '프랑스인에게 불가능이란 없다.'라고요. 올 여름에 취리히로 놀러 오세요. 나이와 상관없이 누구라도 산에 오를 수 있다는 걸 보여 드리죠."

퀴리 부인은 내 초대를 받아들여서, 1913년 7월에 딸들을 데리고 나를 찾아왔지요. 우리는 매일같이 산을 올랐어요. 퀴리 부인은 활력이 넘쳤죠. 파리에서는 연구와 책임감에 짓눌려서 그랬던 것일 뿐, 사실 그렇게 늙은 나이는 아니었으니까요. 아무튼 우리 두 사람은 물리학과 관련해서 무궁무진한 대화를 나눌 수 있었지요.

그 해 여름, 막스 플랑크 교수가 베를린에서부터 일부러 먼 걸음을 해서 나를 찾아왔어요. 독일 과학계의 최고봉이 빈손으로 나를 찾아온 것은 아니었어요.

"이보게, 알베르트. 오래 전부터 나는 미국에 있는 몇몇 연구소들을 몹시 부러워해왔네. 그래서 1911년부터 독일에도 그와 비슷한 연구소들을 세우려고 계획을 추진했지."

"어떤 식의 연구소를 말씀하시는지요?"

"순수하게 연구만을 목적으로 하는 연구소라네. 몇몇 큰 은행과 기업이 이 계획에 참여하기로 했다네. 황제께서도 적극적으로 이 연구소를 후원하고 계시지. 그래서 연구소의 이름을 카이저 빌헬름 학회라고 붙였다네."

"대단하군요. 그런데 제게 원하시는 게 뭐지요?"

"자네가 물리학 연구소의 소장을 맡아 줬으면 하네. 매달 6천 마르크의 큰돈을 받는 자리지."

"음, 아주 뜻밖의 제안인걸요……. 교수님도 잘 아시다시피, 제가 프라하에서 취리히로 온 것이 바로 작년 여름이었습니다. 만약 제가 1년 만에 떠난다면 스위스 친구들이 썩 좋아하지 않을 텐데요. 물론, 물리학 수준만 따진다면야 취리히보다 베를린이 훨씬 낫지요. 강의에서 해방될 수도 있을 테고……. 어쨌든 좀 생각해 볼 시간이 필요한데요."

"그럼 나는 스위스 관광이나 해야겠군. 리기산의 케이블 철도가 아주 멋지다고 들었는데……."

"그러면, 이렇게 하죠. 제가 역으로 선생님을 마중 나가겠습니다. 만약 제가 옷에 흰 장미를 꽂고 있으면 거절한다는 뜻입니다. 붉은 장미를 꽂고 있으면 승낙한다는 뜻이고요!"

베를린은 물리학의 세계적인 수도라고 할 수 있는 곳이었지요. 그런데 그 수도를 다스리라는 제안이 내게 들어온 겁니다! 나는 그때까지 돈에 대해서는 별 관심이 없었어요. 하지만 엄청난 보수 앞에서는 흔들릴 수밖에 없었죠. 내 아들들에게 최고의 교육을 시키고 싶었으니까 말이에요. 바야흐로 나도 자식에게 애정과 관심 대신 비싼 선물을 갖다 안기는 부자 아빠를 닮아가고 있었던 것이죠.

결국 나는 윗옷에 붉은 장미를 꽂았습니다.

독일 정부는 나를 프로이센 과학아카데미의 회원으로 선출했어요. 나중에 알게 된 사실이지만, 과학아카데미의 회원으로 선출되면서 자동적으로 내게 독일 국적이 부여됐지요. 하지만 나는 항상 자신이 스위스인이라는 생각을 갖고 살았답니다.

변화가 많았던 그 해 여름, 마지막으로 나를 방문한 중요한 한 사람이 있었어요. 9월에 나를 찾아온 천문학자 프로인틀리히가 바로 그 주인공이랍니다.

프로인틀리히는 막 결혼식을 올리고 신부를 설득해서 취리히로 신혼여행을 온 것이었어요.

프로인틀리히는 태양에 의해 빛이 휜다는 사실을 증명해 보이겠다는 뜻을 포기하지 않고 있었습니다.

"내년에 크림반도에서 일식이 있어요. 제 돈을 털어서라도 탐사를 해 보려고요. 반드시 빛이 휘는 것을 측정해 낼 수 있을 겁니다. 우리 두 사람이 온 세상을 깜짝 놀라게 만들죠!"

크림반도
우크라이나 남쪽에 위치한 흑해에 둘러싸인 반도.

그는 맨눈으로 빛의 휘어짐을 측정하기가 극히 어렵다는 사실을 설명했어요.

"일식은 아주 잠깐 동안만 일어나는 현상이지요. 그래서 반드시 사진기를 사용해야 합니다."

"사진관에 있는 그 기계 말인가요?"

"제가 사용하는 것은 망원경이 달린 특수사진기죠. 문제는, 크림반도까지 제가 그 많은 자재들을 직접 실어 날라야 한다는 점입니다. 게다가 가격도 매우 비싸고요. 그래서 재정적으로 후원을 해 줄 사람이 꼭 필요해요."

"막스 플랑크 교수에게 편지를 써 보죠. 플랑크 교수는 독일에 아는 사람이 아주 많으니까요. 만약 후원해 줄 사람을 못 찾으면 제 저금이라도 털어 드리겠어요."

결국 크룹이라는 회사에서 탐사 비용을 대기로 했어요. 다행히 나는 저금을 털지 않아도 됐지요.

1913년 12월 7일, 나는 프로이센 아카데미 앞으로 편지를 보내서 아카데미 회원직을 공식적으로 수락했습니다. 1914년 3월에는 스위스 연방공과대학의 동료들이 환송식을 열어 주었죠.

1914년 4월 6일, 나는 아내 밀레바와 아이들을 데리고 베를린에 정착했어요. 프로이센 아카데미 안에는 엄청나게 큰 내 연구실이 마련되어 있더군요. 카이저 빌헬름 학회의 행정관들은 종종 나를 찾아왔어요. 물리학 연구소가 이미 건설에 들어간 뒤였죠. 그들은 실험실에 갖춰야 할 것들에 대해 물어왔습니다.

"교수님, 저희가 어떤 것들을 준비하면 될까요?"

"종이하고 연필만 있으면 되는데 그건 나한테 있고…… 음, 그냥 종이를 버릴 커다란 휴지통이나 하나 마련해 주게나."

페기 학생, 나는 요즘에도 밖에 나갈 때는 항상 수첩과 연필을 챙겨듭니다. 길을 걷다가 생각이 떠오르면 그걸 적어두지요. 그렇게 하지 않으면 생각이 날아가 버리니까요.

흔들리는 유럽

1914년 6월 28일, 세르비아의 한 학생이 사라예보에서 오스트리아-헝가리 제국의 황태자를 암살하는 사건이 벌어졌어요. 그런데 그 사건이 소박한 우리 가정을 흔들어 놨습니다. 밀레바가 이만

저만 화가 난 게 아니었거든요.

"어쩌면 저렇게도 물리학 생각에만 빠져 있는지, 원……."

"무슨 일이라도 있나?"

나는 책에서 시선을 떼어 아내를 쳐다봤어요.

"이제 곧 유럽 전체가 전쟁에 휩싸이게 될 거라고요. 우리는 지금 당장이라도 스위스로 돌아가야 돼요."

"유럽 전체가 전쟁에 휩싸이게 된다니, 왜?"

"신문도 안 읽었어요? 오스트리아가 암살사건을 조사한다는 명목으로 베오그라드에 대한 수색 요청을 했어요. 세르비아가 그렇게 호락호락하게 주권을 내줄 것 같아요? 분명 안 된다고 하겠죠. 오스트리아는 무력으로 세르비아에 밀고 들어갈 테고. 그러면 전쟁이 일어나는 거 아니겠어요?"

"전쟁이 일어나 봤자 발칸반도에서 일어나는 전쟁 아냐. 그걸 가지고 유럽 전체가 전쟁에 휩싸인다고 과장을 하다니……. 다른 나라들은 관심도 없을걸?"

"나는 관심이 있어요. 세르비아인이니까!"

"이봐, 당신은 스위스인이야. 게다가 세르비아에서 태어난 것도 아니고 헝가리에서 태어났잖아."

"오스트리아와 헝가리는 소수민족인 세르비아인들을 더 심하게 괴롭힐 거예요. 두 나라의 동맹국인 독일도 세르비아를 공격할 거고. 나는 스위스로 돌아갈래요. 당신은 당신 마음대로 해요!"

베오그라드
세르비아의 수도

"이거 곤란한걸, 내일 아카데미 회원들 앞에서 첫 연설을 하기로 돼 있는데……."

머리를 긁적이고 있는 나를 아내는 매섭게 쳐다보았어요.

"전쟁광인 독일이 싫어서 독일 국적을 포기했다면서 나한테 자랑하던 때가 언젠데……. 정말 당신 많이 변했군요."

하지만 7월 2일, 나는 우스꽝스러운 제복을 입고 아카데미에 나가 연설을 했어요.

먼저, 나를 아카데미 회원으로 선출하고 물질적인 걱정에서 벗어나게 해 준 데 대해 감사 인사를 했지요. 그리고 이어서 내 연구에 대한 소개를 했습니다.

"자연은 매우 가혹한 재판관입니다. 절대로 '좋아'라고 말하지 않지요. 가장 너그러울 때도 '어쩌면 그럴 수도 있지'라고 말하는 게 고작입니다. 게다가 대부분의 경우에는 '안 돼'라고 하지요. 자, 지금 베를린의 한 천문학자가 크림반도로 출발할 준비를 하고 있습니다……."

프로인틀리히는 7월 중순경에 조수 두 명과 함께 특별열차에 실험 기자재를 싣고 떠났습니다. 8월 1일, 독일은 러시아에 전쟁을 선포했어요. 러시아는 그 즉시 프로인틀리히를 체포했고 실험 기자재도 모조리 압수했어요. 그리고 포로로 잡혀 있던 러시아 군인들과 프로인틀리히를 교환했지요.

프로인틀리히는 9월 2일, 베를린으로 돌아왔습니다. 프로인틀

지식 넓히기

러시아는 오스트리아가 세르비아에 전쟁을 선포했다는 이유를 들어서 오스트리아에 전쟁을 선포한 상태였지요. 참 복잡하기도 하지.

보른
파동함수의 통계적 해석으로 1954년 노벨물리학상 수상.

네른스트
독일의 물리학자. 열역학 제3 법칙을 발표했다. 1920년 노벨화학상 수상.

프리츠 하버
독일의 화학자. 1918년 노벨화학상 수상. 그는 암모니아 합성법으로 질소비료를 만들어 전 세계 식량 생산 증가에 커다란 기여를 했다. 하지만 그 발명을 독가스 개발에도 응용하여 수많은 프랑스 병사들의 목숨을 앗아갔다.

이페리트
흔히 겨자 가스라고 불리는 이 무색무취의 액체는 돌연변이를 유발하는 지속성이 강한 독가스다. 제1차 세계대전 당시 독일군이 사용.

리히가 무사히 살아 돌아온 것은 기쁜 일이었지만, 다음 일식을 기다려야 한다는 사실이 무척이나 실망스럽더군요.

나는 어린 시절부터 독일인들이 행진하기를 좋아하고 세계 정복을 꿈꾸고 있다는 사실을 생생하게 목격할 수 있었어요. 그래도 내 동료들만큼은 전쟁보다 평화를 사랑하리라고 믿었죠. 그런데 슬픈 일이 일어났습니다. 내 조수 오토 슈테른은 동부전선으로 싸우러 나갔고, 보른은 군 연구소로 떠났습니다.

위대한 학자 네른스트는 폭탄을 만들기 시작했죠. 게다가 목숨을 잃을지도 모르는 위태로운 상황에 빠진 학생들을 앞에 놓고 막스 플랑크 교수는 이렇게 연설했어요.

"이제 독일이 참는 것은 끝났다. 독일인들은 칼을 뽑아들고 배신자들과 투쟁해야 한다!"

내가 가장 견디기 힘들었던 사람은 프리츠 하버였어요. 하버는 카이저 빌헬름 학회의 화학연구소 소장을 맡고 있었죠. 유태인이었지만 프러시아인들과 비슷해지고자 하는 일념에서 신교로 개종을 했고요. 평화시에는 인류를 위해서 연구하고 전시에는 조국을 위해서 일하겠노라며 자랑스럽게 선언을 하더군요. 처음에는 폭탄을 만들었는데, 폭발 사고가 나서 연구실의 중요한 동료 한 사람이 죽었죠. 이어서 하버는 독가스 개발에 착수했어요. 겨자 냄새가 나는 무시무시한 독가스 이페리트를 개발한 사람이 바로 이 사람이었죠. 이페리트로 죽은 사람이 수만 명에 이르렀답니다.

독일의 지식인 93명은 《문명사회에 고함》이라는 선언서에 서명을 했습니다. 여기에는 빌헬름 뢴트겐과 막스 플랑크, 프리츠 하버 그리고 베를린에 있는 거의 모든 내 동료들이 포함돼 있었죠. 이 선언서의 내용은, 괴테와 칸트와 베토벤의 조국인 독일은 러시아의 야만인 집단과 영국과 프랑스군이 고용한 흑인들에 대항하여 백인종을 지켜야 한다는 것이었어요. 안타깝게도, 이런 어리석은 선언문을 비난하는 사람은 나 혼자뿐이었죠.

하지만 나는 마침내 내 영혼의 형제라고 부를 수 있을 법한 사람을 만나게 됐어요. 베를린 의과대학의 심장병학 교수인 게오르크 니콜라이라는 사람이었죠. 우리 두 사람은 93명의 전쟁옹호자들에게 반대해서 유럽인들에게 고함이라는 선언서를 작성했어요. 우리가 주장한 것은 범세계적인 문화의 연결이었어요. 힘을 합쳐 유럽연맹을 창설하자고 우리는 전 유럽인들을 향해 호소했지요.

유럽연맹을 창설하기 위한 첫 단계는 아주 간단했습니다. 우리가 만든 선언문에 서명을 하는 것이었죠. 그런데, 서명한 사람은 단 두 명에 불과했답니다.

얼마 뒤 나는 새 조국연맹이라는 평화주의 정당을 창당하는 일에 참여했지요. 이 정당이 대단한 영향력을 발휘하리라고는 생각하지 않았지만, 정부는 즉시 우리들의 행동을 눈여겨 보더군요. 그러고는 결국 정당을 해산시켰습니다.

나는 동료들과 마주치고 싶지 않았어요. 그들은 가능한 한 더 많은 사람들을 죽이는 방법을 연구하고 있었으니까요.

이상한 꿈

1915년 9월, 나는 아이들을 만나러 스위스에 갔어요. 내가 스위스에 있는 것을 알고 위대한 평화주의자인 로맹 롤랑이 나를 초대하더군요. 영광이었죠! 새 조국연맹을 창설할 당시, 내가 로맹 롤랑에게 편지를 보낸 적이 있었거든요.

나는 롤랑에게 독일인들의 잘못을 모두 털어놓았어요. 고발당할지도 모른다는 두려움 없이, 내 마음 속의 생각들을 활짝 열어 보일 수 있어서 너무나 후련했지요.

나는 스위스에 그대로 남을까 하는 생각도 해 보았어요. 하지만 그건 불가능한 일이었죠. 매우 느리기는 했지만 내 연구가 거의 목적지에 도달하고 있다는 느낌이 들었으니까요. 나는 그 해 11월에 프로이센 아카데미에서 일반상대성 이론을 소개하고 싶었어요. 게다가 베를린에서 받는 월급도 포기할 수 없었어요. 생활비가 필요했으니까요.

나는 밥 먹는 것도 잊고 오직 연구에만 몰두했어요. 집안일은 매일 아침마다 가정부가 와서 대신 해 줬죠.

가정부는 내 방만 빼놓고 집 안을 말끔하게 청소했지요. 내 방에

로맹 롤랑
프랑스의 극작가 겸 평론가. 반 나치스 운동원들을 도와 평화 운동을 펼쳤다.

는 들어오지 못하게 했으니까요.

　가정부는 내가 먹을 음식도 만들어 줬는데, 전쟁 때문에 시장에 식료품이 바닥났다며 투덜대곤 했어요. 그러고는 시든 감자와 말라빠진 순무만 들어가 있는 스프만 달랑 끓여 놓고는 했어요. 얼마 안 가 나는 비쩍 말라 버렸죠.

　반면에 로맹 롤랑의 가정부는 좀더 야무진 사람이었어요. 닭고기와 진한 포도주와 달콤한 쌀 과자를 내놓은 것을 보면 말이죠. 덕분에 취리히로 돌아오는 기차 안에서 나는 그만 곯아떨어지고 말았어요.

　나는 꿈을 꿨어요. 프로이센 아카데미에서 일반상대성 이론을 발표해야 했는데 준비가 덜 돼서 그 대신 바이올린을 연주하려고 하는 꿈이었지요. 그런데 그만 늦은 거예요. 나는 사무실 여기저기에서 방정식이 잔뜩 적힌 악보들을 주워 모았어요. 그리고 막 방에서 나가려고 하는데 섬뜩한 느낌이 들면서 온 몸이 딱딱하게 굳어 버리는 것 같았죠…….

　'아! 바이올린이 어디에 있지?' 불현듯 호숫가에서 로맹 롤랑에게 바이올린 연주를 들려 줬던 일이 생각나더군요.

　나는 호숫가로 한달음에 달려갔어요. 다행히 바이올린은 호숫가에 있었어요. 그런데 바이올린을 잡으려고 하는 순간, 바이올린이 파도에 떠밀려가더군요.

　그런 뒤에 믿을 수 없는 광경이 벌어졌어요. 호수가 마치 거대한

세면대가 된 것처럼 소용돌이 치며 빠져나가는 것이었어요! 그 곳은 이제 호수가 아니라 예전에 한스가 돛단배를 가지고 놀던 수영장으로 변해 있었죠. 바이올린은 물의 흐름을 따라 큰 원을 그리고 돌았어요. 흐르지 않고 그저 빙빙 돌기만 했죠. 그리고 수영장 중앙에는 커다란 검은 구멍이 있었어요…….

그 순간 나는 잠에서 깼죠.

취리히에 도착했을 때, 나는 내 방정식들이 모두 틀렸다는 사실을 깨달았어요. 나는 일반상대성 이론의 10개 방정식을 세우는 일에만 골몰하느라 1915년 가을에 대한 기억은 거의 없어요. 하지만 내 인생 최고의 순간은 바로 이 때랍니다.

나는 수학자인 힐베르트와 무수한 편지를 주고받았죠. 마침내 내 방정식을 사용해서 우주의 심오한 구조를 훌륭하게 나타낼 수 있다는 확신이 들었을 때, 심장이 고동치며 가슴이 터져 버릴 것만 같았어요. 며칠을 거의 고통스럽기까지 한 행복감에 취해 살았죠. 내 이론은 그 무엇과도 비교할 수 없으리만치 아름다웠습니다.

나는 아카데미 회원들 앞에서 내 일생일대의 역작을 발표했어요. 곧 이어서 그것을 논문으로 써서 물리학 연보에 보냈지요. 이번 논문은 1905년에 발표했던 논문들에 비해 큰 반응을 얻지는 못했어요. 사람들은 우주의 모습보다는 전쟁에 더 정신이 팔려 있었으니까요.

동료들은 여전히 폭탄과 비행기와 잠수함을 만들고 있었죠. 사람들은 내 논문이 이해하기 어렵다고 생각되자, 이것을 우주에 대한 새로운 수학 이론 쯤으로 치부해 버렸죠.

연구에서 손을 떼는 순간, 나는 쓰러져 버렸어요. 사실 이 증상은 몇 달 전부터 계속된 것이었지만, 연구에 온 힘을 다 쏟아 붓느라 배의 통증은 무시하고 있었어요. 내 나이 서른아홉에 그토록 오랫동안 찾아 헤매던 것을 발견했으니, 죽어도 여한은 없었어요.

의사는 내가 규칙적인 식사를 하지 않아서 위장에 탈이 났다고 진단을 내렸어요. 그래서 몸무게도 빠진 것이었고요. 무려 25킬로 그램이나!

힐베르트
독일의 수학자. 수학 기초론의 공리주의를 제창하고, 대수적 정수론, 적분 방정식 등을 연구했다.

영광과 비난

영광과 비난

휘어버린 우주 공간

1916년 여름에 나는 다시 독일을 떠나 네덜란드로 갔어요. 친구인 로렌츠 교수를 만나기 위해서였어요. 전선은 수백 킬로미터 아래에 있었기 때문에 국경에서 기차만 갈아타면 독일에서 네덜란드로 쉽게 넘어갈 수 있었지만, 통행증이 반드시 필요했어요. 나는 아카데미 회원이기 때문에 어렵지 않게 통행증을 발부받을 수 있을 것이라고 생각했죠.

하지만 전쟁으로 신경이 바짝 곤두서 있던 공무원은 내게 통행증을 만들어 줄 수 없다며 퇴짜를 놓더군요. 할 수 없이 취리히에 연락해서 귀화증명서를 보내달라고 한 뒤에, 그것과 로렌츠 교수의 초청장을 공무원에게 보여 줘야만 했죠.

에렌페스트는 언제 봐도 반가운 친구였지요. 내가 아는 물리학자들 중에서 나와 가장 닮은 사람이 바로 에렌페스트였어요. 나는 이 친구도 나와 마찬가지로 유럽을 갈가리 찢어 놓고 있는 전쟁으로부터 멀찌감치 떨어져서, 별 속을 거닐고 있을 거라고 예상하고 있었어요.

하지만 내가 사람 보는 눈이 없다는 것을 또다시 실감했다고나 할까요……. 에렌페스트는 매우 괴로워하고 있었어요. 10년은 더 늙어 보였어요. 에렌페스트는 미래를 두려워하고 있었죠.

"알베르트, 저 야만인들이 승승장구하고 있다네. 우리 아이들이 앞으로 어떤 세상에서 살게 될지 참으로 걱정이야."

"어쩌면 이번 전쟁을 통해서 사람들이 병적인 민족주의에서 벗어날 수 있을지도 모르지. 그렇게 된다면 말이야, 평화와 단결을 추구하는 새로운 유럽이 탄생되지 않겠나?"

에렌페스트의 부인과 네 아이들은 참으로 매력적이었어요. 에렌페스트의 부인인 타티아나는 러시아 출신의 물리학도였죠. 너그럽고 정감이 넘치는 사람이라, 여간해서는 침울해하는 법이 없었답니다. 타티아나는 화제를 돌려 보려고 내 연구 얘기를 꺼냈어요.

"선생님은 여전히 우주를 재구성하고 계시나요?"

그녀는 얼굴 가득 미소를 머금고 있었어요.

"제우스가 된 기분을 느끼면서, 우주를 뒤틀고 구부리고 있는

에렌페스트
네덜란드의 물리학자. 상대성 이론, 양자론 등 이론물리학의 여러 분야에서 활약했다.

중이랍니다."

나 역시 장난스럽게 대답했지요.

"정말이요? 너무 심하게 하지는 마세요! 이렇게 부드러우신 분이 그런……."

"안 그래도 제 논문을 가져왔어요. 그 안에 모든 설명이 다 들어있지요."

"글쎄요, 남편이라면 이해할지 모르겠지만 저는 아이를 낳으면서 학문과는 멀어져서 말이에요. 마침 선생님을 뵐 기회가 생겼으니 선생님께 직접 설명을 듣고 싶은데……."

나는 조용히 눈을 감고 잠시 생각에 잠겼습니다.

"모든 생각의 출발점은 이겁니다. 한 점에서 다른 점까지 가는 가장 짧은 길, 다시 말해서 빛의 경로는 우리가 생각하는 것처럼 직선이 아니라 휘었다는 것이죠."

"오래 전에 선생님이 하셨던 얘기가 생각나네요. 빛은 진동하는 입자로 이루어져 있다는 얘기 말이에요. 빛이 똑바로 나가지 못하는 건 입자가 진동을 하기 때문인가요?"

"그거 아주 재미있는 생각인데요. 물리학도다운 직관을 잃지 않으셨군요! 하지만 빛 입자들은 술에 취한 사람과는 달라요. 술에 취한 사람은 똑바른 길을 비틀대며 걸어가지만 빛이 똑바로 나가지 못하는 까닭은 길이 똑바르지 않기 때문이거든요."

이 말을 들은 에렌페스트는 귀가 번쩍 뜨이는 모양이었어요.

"그러면 우주 공간이 휘었다는 말인가?"

"그렇다네. 우주 공간은 유클리드 기하학으로 설명할 수가 없네. 리만 기하학으로 설명해야만……."

"두 사람만 아는 얘기는 하지 마세요. 리만 기하학이라는 게 도대체 뭔데요?"

타티아나는 볼멘 목소리로 우리들의 이야기를 끊었죠.

"타티아나, 미안해요. 유클리드 기하학에 대해서는 아실 겁니다. 직선은 무한하게 연장될 수 있다. 평행한 두 직선은 절대 만나지 않는다. 직선 밖의 한 점을 지나면서 이 직선과 평행인 직선은 단 하나만 존재한다. 삼각형의 내각의 합은 180도다. 이런 것들 말이에요."

"많이 잊어 버렸는데, 그건 기억나네요."

"우리가 종이 위에 뭔가를 그릴 때, 그건 유클리드 기하학에 해당돼요. 이 때, 종이는 무한한 평면을 상징하는 것이지요. 그럼 만약 종이 위에 직선을 그어서 계속 연장하면, 어떤 일이 벌어질까요?"

"직선이 종이 밖으로 나가 탁자 위로 뻗어가겠죠."

"아주 좋아요. 이제 종이가 길에 놓여 있고 북쪽을 향하고 있다고 칩시다. 종이에 직선을 그어 보세요. 그렇게 계속해서 직선을 긋는 거예요. 그러면 어디에 도착하게 될까요?"

"북극이겠죠!"

"훌륭해요. 이제, 다시 집으로 돌아와서 첫 번째 직선과 직각으로 교차되는 또 하나의 직선을 그으세요. 종이를 벗어나 계속해서 긋는 겁니다. 길은 동쪽으로 곧게 뻗어 있습니다. 그리고 지구의 4분의 1 길이만큼 갔을 때 멈추도록 하세요. 이제 부인은 어디에 있을까요?"

"지구의 4분의 1이면…… 러시아 아닌가요? 아니면 시베리아 정도?"

"아마도 그렇겠지요. 이제 거기서 북쪽으로 다시 직선을 그으면서 올라가세요. 이 직선은 방금 전에 동쪽으로 그은 직선과 직각을 이루겠지요?"

"그렇겠죠."

"따라서 그 직선은 첫 번째 직선과 평행합니다. 동일한 한 직선에 대해 직각을 이루는 두 직선은 평행하니까요."

"잠깐만이요. 지금 머릿속으로 그리고 있는 중이에요……."

나는 부인에게 잠시 시간을 준 후 다시 말을 이었어요.

"만약 이 직선을 계속 연장한다면 어디에 이르게 될까요?"

"글쎄요, 또다시 북극이겠지요."

"따라서 부인은 북극에서 만나는 두 개의 평행한 직선을 그린 셈이 됩니다. 평행한 두 직선이 만나는 공간, 바로 그것이 비유클리드 공간이지요. 북극에서 만나는 두 직선의 각을 말해 보세요."

"고약하셔라. 꼭 시험 보는 기분이네!"

비유클리드 공간
직선 밖의 한 점에서 직선에 평행한 직선을 두 개 이상 그을 수도 있는 공간.

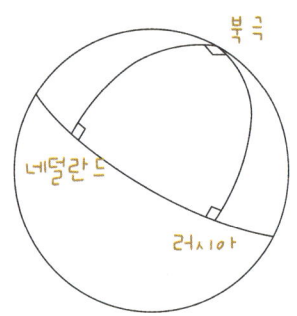

"부인은 지금 북극에 있어요. 한 직선은 네덜란드에서 왔고 다른 하나는 시베리아에서 왔지요. 오렌지를 4등분으로 자른다고 상상해보면 쉬울 겁니다."

"90도?"

"정확합니다! 부인은 세 각이 각각 90도인 삼각형을 그린 거예요. 결국 세 각의 합은 180도가 아니라 270도가 된 것이지요."

"하지만 지구는 평면이 아니잖아요. 선생님께서 말씀하시는 직선은 사실은 곡선이라고요. 놀리지 마세요!"

"놀리다니요. 중요한 사실은, 지구의 표면이 분명 평평한 2차원 공간이라는 점입니다. 우리는 지구 위의 한 점을 위도와 경도라는 두 좌표로 나타내지 않습니까. 따라서 이 2차원 공간은 평평하지 않고 휜 것이지요. 이해하시겠어요?"

"휜 2차원 공간이라……. 거기까지는 이해했어요. 그래 봤자 어느 한계에 이르면 더는 따라가지 못하겠지만. 다 이해를 한다면야, 제가 아인슈타인 씨겠죠."

"저 역시도 이해하는 데 아주 애를 먹었지요. 3년 동안 엉뚱한 길에서 헤맸는걸요."

그 때 에렌페스트가 내 어깨에 손을 얹으며 말했어요.

"전쟁 때문에 마음이 혼란해서 그랬겠지."

"아니, 그 반대였다네. 전쟁을 잊으려고 연구에 더 깊이 몰두했으니까 말일세. 그리고 리만 기하학을 이용하자 단 몇 주 만에 해결책을 찾았거든."

"또 두 사람만 아는 얘기를 하는군요."

"리만은 제가 방금 전에 부인께 설명했던 것과 같은 비유클리드 기하학을 연구한 사람이죠. 비유클리드 기하학에서는 직선들이 평행하는 경우가 절대 없지요. 휜 2차원 공간이 그걸 잘 보여주고 있지 않습니까?"

"네, 그런 것 같네요."

타티아나 부인은 크게 고개를 끄덕였습니다.

"우리를 둘러싸고 있는 3차원 공간은 언뜻 봐서 평평한 것처럼 보이죠. 직선이나 빛이 무한하게 연장될 수 있는……."

"그런데 그게 아니라는 말씀을 하시려고 그러죠?"

부인의 눈빛이 반짝였습니다.

"제가 다른 예를 하나 들어 볼게요. 머릿속으로 북극을 그려 보세요. 한없이 펼쳐진 흰 벌판을……. 자, 떠올리셨어요?"

"네."

"북극점에서 시작해서 1킬로미터 길이의 끈을 죽 풀어 보세요. 그리고 끈이 끝나는 곳에 말뚝을 박도록 하세요."

"네, 박았어요."

"다시 북극점으로 돌아와서 다른 방향으로 똑같이 되풀이 하시는 겁니다. 두 방향 간의 각도는 5도를 유지하고요. 자, 말뚝을 하나 더 박습니다. 이런 식으로 계속 반복하는 겁니다. 그러면 부인은 말뚝을 모두 몇 개나 박게 될까요?"

"음…… 완전히 한 바퀴를 돌게 되면 360도지요. 그걸 5로 나누니까…… 모두 합쳐서 72개 아닌가요?"

"이제, 72개의 말뚝을 지나가는 원을 머릿속에서 그려보세요. 그 원의 길이가 얼마일까요?"

"반지름이 1킬로미터죠. 원주는 2πR이니까…… 대략해서 6.2킬로미터네요."

"아니, 정확한 길이를 얘기해 보세요."

"2π킬로미터요."

"확실해요?"

"잠깐…… 아, 알겠다. 만약 지구가 평평하다면 그 길이는 2π킬로미터겠죠. 하지만 제가 그린 원은 구면체 위에 그려진 거예요. 따라서 그 원의 원주는 2π보다 작아요."

지식 넓히기

그림은 구면체 위에서 반지름이 R인 원을 그린 것이에요. 이 때 만들어지는 원은 첫 번째 원보다 훨씬 더 작지요. 두 번째 원의 원주가 첫 번째 원의 원주인 2πR보다 작다면 두 번째 원의 표면은 굽어 있는 것이 확실하죠.

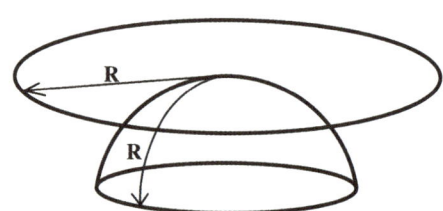

"정확합니다. 조금 전에 우리는 삼각형을 이용해서 2차원 공간이 휘었다는 사실을 증명했어요. 이제 그것을 증명하는 또 하나의 방법을 발견한 겁니다. 즉, 부인이 그린 원의 원주와 2π킬로미터 간의 차가 크면 클수록 2차원 공간은 더 많이 휘었다는 것을 알 수 있다는 얘기지요. 여기까지 잘 이해하셨나요? 머릿속으로 휜 공간을 그려 볼 수 있겠어요?"

"네."

"자, 이제 3차원 공간으로 나가 봅시다. 3차원 공간은 더 까다로워요. 부인은 지구에서 멀리 떨어진 우주 공간에 있습니다. 아까의 그 끈으로 다시 말뚝을 박아 보세요. 하지만 이번에는 앞뒤, 좌우, 상하의 모든 방향을 다 이용하시는 겁니다. 그렇게 한다면, 반지름이 1킬로미터인 구를 만들게 되지요. 그 구의 표면적은 얼마일까요?"

"$4\pi R^2$, 즉 $4\pi km^2$지요."

"정확히 말해서, 그 값은 3차원 유클리드 공간의 경우에만 해당합니다. 이제부터 잘 들어보세요. 아까 우리는 휜 2차원 공간을 상상해 봤지만, 휜 3차원 공간은 더욱더 상상하기 어렵습니다. 하지만 그 3차원 공간이 휘었는지 아닌지 확인해 볼 수는 있어요.

구의 표면적이 $4\pi R^2$이면 그 공간은 유클리드적입니다. 다시 말해서, 평면이라는 얘기지요. 하지만 만약 구의 표면적이 $4\pi R^2$보다 작으면 그 공간은 휜 공간이에요. '휘었다'라는 표현은 일반적인 의미가 아니라 수학적인 의미로 이해해야 합니다.

즉, 이 표현은 '비유클리드적'이라는 말로 바꿀 수 있습니다. 비

$4\pi R^2$
구의 겉넓이를 구하는 공식.

유클리드 공간에서는 직선도 없고 또 직선이 무한하게 연장될 수도 없어요. 지구에서 출발한 빛이 우주를 다 돌고나서 수억 년 뒤에 지구로 되돌아올 거라고 단언하기는 어렵지만, 빛의 궤적이 직선이 아니라는 사실은 분명합니다.

우리를 둘러싸고 있는 평평한 작은 공간은 비유클리드 공간의 휜 평면일 뿐이라는 얘기죠!"

구슬과 포탄

"그렇다면, 공간이 비유클리드적이라는 전제로부터 선생님이 이끌어내고자 하는 결론은 뭐지요?"

타티아나 부인과의 대화는 점점 더 열기를 띠었습니다.

"예상이 안 되세요? 공간의 휘어짐은 다시 말해서 중력이에요! 자, 이제부터 내가 생각하는 새로운 공간을 설명해 드릴게요.

커다란 천을 틀에다 팽팽하게 끼워놓았다고 상상해 보세요. 그 위에 아주 무거운 포탄을 올려 놓는다면 천은 움푹 들어가겠지요? 포탄을 올려 놓기 전의 천은 2차원의 평면입니다. 육중한 물체 하나가 나타나서 공간을 휘어놓으면 천은 비유클리드적인 공간으로 바뀝니다. 물체를 중심으로 그 주위에 마치 깔때기 같은 모양이 만들어지죠. 3차원의 공간도 이와 똑같다고 보면 됩니다. 물체가 없다면 3차원 공간은 평평합니다. 즉, 유클리드적이지요. 그러나 물체가 하나 나타나면서 공간은 휩니다. 한 점에서 다른 한 점까지의 가장 짧은 거리, 다시 말해서 측지선은 직선이 아니죠. 이제 천 위로 작은 구슬을 굴린다고 상상해 보세요. 천이 평평하면 구슬은 똑바로 굴러가겠지요. 하지만 천이 깔때기 모양을 함으로써 공간이 변형돼 있다면 구슬의 궤적도 변합니다. 그 경우에는 포탄이 구슬을 끌어당긴다고 생각할 수도 있겠죠.

그러나 구슬은 포탄이 '끌어당기는 것'이 아닙니다. 구슬의 궤적을 결정하는 것은 출발시의 구슬의 속도와 공간의 형태지요. 구슬은 포탄의 존재를 모릅니다. 시냇물이 경사가 가장 급한 곳을 따라 흘러가는 것처럼, 구슬은 가장 편한 길로 굴러가고 있을 뿐이니까요. 바다가 시냇물을 끌어당긴다고 말하는 사람은 아무도 없잖아요?

포탄에 의한 공간의 휘어짐은 자석 주변에서 생기는 공간의 변형과 유사해요. 그래서 이것을 가리켜서 중력장이라고 하지요. 구슬이 아주 빠른 속도로 굴러간다면 깔때기 가장자리를 지날 때 구슬의 궤적은 약간만 휠 겁니다. 구슬의 속도가 아주 느리다면 구슬은 곧장 포탄 쪽으로 떨어지고요. 중간 속도라면 깔때기 주위를 오랫동안 빙빙 돌겠지요. 마치 태양 주위를 도는 행성들처럼 말이죠."

"설마 태양계 얘기를 꺼내시려는 건 아니겠지요. 나는 지금 포탄과 작은 구슬을 상상하는 것도 벅차다고요!"

"원하신다면, 지구를 포탄으로 소혹성을 구슬로 바꿔서 상상해도 좋아요. 태양은 다른 행성들보다 아주 무겁죠. 태양이 만들어 내는 깔때기는 아주 깊기 때문에 충분히 그 존재를 확인할 수 있을 거라고 봐요. 내 이론에 의하자면, 빛은 태양 주위에서 휠 겁니다. 나는 누군가가 일식을 이용해서 그것을 증명해 주기만 간절히 바라고 있어요."

"프로인틀리히 씨가 러시아에서 불행한 일을 당했다는 얘기는 남편한테서 들었어요. 전쟁 중이라서 아무도 탐사를 떠나려고 하지 않을 것 같은데……."

부인은 무척 애석하다는 표정으로 말했습니다.

"생각해 보면, 오히려 잘 됐죠. 그 때까지만 해도 나는 유클리드 기하학을 사용하고 있었거든요. 그래서 빛이 휘어지는 각도를 정확하게 계산해 내지 못했어요. 그런데 리만 기하학으로 다시 계산해 보니 각도가 거의 두 배나 크더군요! 나는 일반상대성 이론을 이용해서 수성의 장미꽃형 궤도를 완벽하게 설명했죠. 수성은 태양에 가장 가까이 있어요. 그래서 수성이 지나가는 공간은 가장 많이 휘어 있지요.

내 이론으로부터 도출되는 중요한 결론이 하나 더 있어요. 물체의 존재는 공간뿐만 아니라 시간에까지 영향을 미치죠. 태양으로부터 나온 광선은 태양의 질량으로 인해서 더 느리게 진동하게 돼

영광과 비난 111

요. 빛의 색깔은 진동수에 의해 결정되기 때문에, 태양광선도 진동수가 적은 쪽으로 약간 치우칠 수밖에 없어요. 즉, 붉은 색 쪽으로 치우치는 것이죠!"

"설명을 따라가려고 무진 애를 썼는데 머리가 터질 것 같아요. 이제 뭘 하실지는 아시겠죠?"

"뭘 하면 될까요?"

나도 역시 조금 지쳐 있었습니다.

"남편이랑 같이 브람스의 소나타를 연주하는 거죠."

"기가 막힌 생각이군요. 이봐, 자네는 정말 현명한 아내를 뒀어. 진짜 운좋은 사나이야."

우리 셋은 커다랗게 웃었습니다.

일반상대성 이론이 현실로

며칠 뒤, 나는 로렌츠 교수를 만나러 갔어요. 로렌츠 교수가 역까지 직접 마중을 나왔더군요. 키가 훌쭉한 사람이 역에 서 있는 모습을 보는 순간, 즐겁고 정감어린 아주 특별한 감정이 가슴 속에서 샘솟는 게 느껴졌어요. 우리는 이런저런 얘기를 나누며 도시 중심가를 천천히 지나 집까지 걸어갔지요.

점심을 먹은 뒤, 로렌츠 교수와 나는 서재로 들어갔어요. 로렌츠 교수는 책상 앞에 자리를 잡았고 나는 그 맞은편에 자리를 잡았습니다.

"그럼 어디 한번 들어볼까?"

"이게 제 논문입니다……."

나는 타티아나 부인에게 설명했던 것들을 다시 되풀이했어요. 이번에는 좀더 수학적인 용어를 사용했죠. 로렌츠 교수는 내 설명을 종이에 받아 적어가면서 유심히 들었어요. 마치 학생을 격려하는 선생님처럼 간간이 "그렇지." 혹은 "훌륭한데." 하고 중얼거리면서요.

설명이 끝나고 나는 입을 다물었습니다. 로렌츠 교수가 방정식들을 검증하는 동안, 나는 말없이 앉아 있었어요.

얼마나 생각에 잠겨 있었을까? 나는 고개를 들어서 로렌츠 교수를 쳐다봤어요. 로렌츠 교수의 눈에는 눈물이 가득했죠. 이론은 완성됐습니다. 하지만 우주의 불가사의는 여전히 풀리지 않고 있었어요.

스위스의 라이덴에 머물 때 친구의 소개로 데시테르를 만날 기회가 있었습니다. 데시테르는 대학에서 천문학을 가르치고 있었지요. 다른 천문학자들처럼 데시테르 역시 태양에 의해 빛이 휜다는 얘기에 무척이나 흥미로워하더군요.

"1919년 5월에 개기일식이 일어날 텐데, 지구 여러 곳에서 관찰할 수 있는 멋진 일식이 될 겁니다. 아프리카와 브라질 북부에서도

데시테르
네덜란드의 천문학자. 우주가 무한히 팽창할 수 있다는 일반상대론적 우주모델을 제안.

볼 수 있지요. 제가 런던에 있는 왕립천문학회에 선생님 논문을 보내겠습니다. 거기 있는 사람들은 틀림없이 지원을 해 줄 겁니다."

"감사합니다. 영국 물리학자들은 아마도 물리학 연보를 받아 보지 못하고 있을 겁니다. 저도 프랑스와 영국으로 우편물을 보내지 못하고 있으니까요."

이렇게 해서 내 논문은 왕립천문학회의 간사이자 케임브리지 대학에서 천문학 교수로 있는 에딩턴의 사무실에 도착했지요. 다행히도 에딩턴은 인류애와 평화를 신봉하는 인물이었던 까닭에, 내 연구물을 외면하지 않았어요. 영국 학자들도 독일 학자들처럼 전쟁을 열렬하게 옹호하고 있었는지는 모르겠지만, 몇몇 어리석은 영국 학자들은 에딩턴이 내 논문을 번역했다는 것을 핑계로 에딩턴에게 독일 과학자를 편든다며 비난을 퍼부었다고 하더군요. 에딩턴은 내 이론을 너무나도 열렬하게 환영한 나머지, 검증의 필요성조차 느끼지 못할 정도였지요.

왕립천문학회의 회장은 내 이론이 검증해 볼 만한 가치가 있다고 판단하고, 에딩턴에게 탐사 준비를 하라고 지시를 내렸죠.

페기 학생은 지구가 태양 주위를 공전한다는 사실을 알 겁니다. 그것은 곧, 계절에 따라 태양 뒤쪽에 있는 별들이 바뀐다는 얘기지요. 일식이 일어나는 5월 29일은 이상적인 날이었어요. 태양에 가려지게 될 황소좌는 별들이 특히 많았거든요.

일단 결정이 되면 끝장을 보기로 유명한 영국인들답게, 탐사 계

에딩턴
영국의 천문학자. 천체물리학과 우주론에 공헌했으며 통일장 이론에 독자적인 연구를 통해 상대성 이론의 성립에 한 몫을 담당했다.

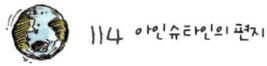

획은 일사천리로 진행됐어요. 대서양에 독일 잠수함이 돌아다니며 제1차 세계대전이 벌어지고 있는 가운데, 영국 탐사대는 두 팀으로 나뉘어 기니만과 브라질을 향해 떠날 채비를 했습니다.

모습을 드러낸 우주의 모습

나는 1917년에 논문 두 편을 발표했습니다.

첫 번째 논문에서 나는 다시 양자론으로 돌아갔어요. 특정 조건 하에서 원자에 자극을 가하면 원자는 한 방향으로 진동하는 빛을 방출할 것이라고 나는 예측했죠.

양자론
아주 작은 물질을 구성하는 입자와 빛 등이 어떻게 움직이는지를 밝히는 이론.

두 번째 논문은 우주론을 다룬 것이었습니다. 우주론이란 우주 전체를 연구하는 학문을 말하지요. 이 학문은 수세기 동안 잠들어 있었습니다. 사람들은 우주에 대해 거의 아무 것도 알지 못했죠. 별들을 바라보면서도, 그것들의 수가 무한한지 유한한지조차 몰랐으니까요. 어떤 천문학자들은 유한한 수의 별들이 무한한 우주 공간에 마치 섬처럼 무리를 이루고 있다고 상상했죠.

일반상대성 이론은 졸고 있는 이 우주론을 깨웠습니다. 일반상대성 이론 덕분에, 무한한 우주 공간에 유한한 별들이 있다는 식의 생각은 하지 않게 됐으니까요. 왜냐하면 우주 공간은 물질과 긴밀한 관계를 맺고 있기 때문이지요. 또한 별들이 무한하다고 보기도 어려웠습니다. 왜냐하면 별들의 무한한 질량은 무한한 중력을 만들어 내게 될 테니까요.

따라서 가능성은 단 하나밖엔 남지 않게 되죠. 즉, 우주 공간은 유한하며 별들 또한 유한하다는 것이지요. 우주 공간은 별들의 질량에 따라 별들 주위에서 다소간 휘어져 있으며 전체적인 모양도 휘어져 있습니다. 지구가 계곡과 산들로 인해 부분적으로 굴곡이 있고 전체적으로도 둥근 모양을 하고 있는 것처럼 말이지요. 우주 공간은 전체적으로 휘어져 있기 때문에, 그 자체로 닫힌 공간입니다. 지구 표면처럼, 우주 공간은 유한하며 가장자리도 중심부도 없지요. 나도 인정해요. 이런 우주를 마음 속에 그려 보기가 쉽지 않다는 사실을 말이죠.

하지만 나는 단순하고 조화로운 우주의 모습을 떠올리면 마음이 절로 즐거워진답니다. 페기 학생은 어때요?

두 번째 논문 안에서 나는 일반상대성 이론의 방정식들에 기초한 여러 가지 계산을 제시해 놓았어요. 이 새로운 우주론은 이제 갓 태어난 학문이었죠. 그래서 그 이후로도 많은 노력과 연구가 필요했어요. 솔직히 고백하자면, 이 논문에서 나는 몇 가지 실수를 했죠. 이를테면, 우주의 크기를 1억 광년으로 계산했는데 실제로는 이보다 100배 정도 크지요. 또한 나는 별들이 우주 전체에 거의 일정한 방법으로 배치돼 있으며 그 배치가 변하지 않는다고 봤죠. 이러한 견해를 뒷받침하기 위해서 우주방정식 속에 '우주상수'를 끼워 넣었는데, 이것은 쓸데없는 일이었어요. 논문이 발표된 직후, 천문학자 데시테르는 우주상수 없이도 우주를 성공적으로 설명해 냈죠.

그 뒤에는 러시아의 수학자 알렉산더 프리드만이 매우 우아한 일반상대성 방정식들의 해를 발견했고요.

프리드만의 견해에 따르면, 우주의 휘어지는 정도는 시간이 흐름에 따라 줄어들지요. 이것은 우주가 팽창하고 있다는 것을 의미했어요. 마치 풍선처럼 말이죠.

나는 다시 배에 통증을 느끼기 시작했어요. 의사가 X선을 사용해서 검사한 결과, 배의 통증은 담석이 아니라 십이지장 궤양 때문이라는 진단을 내렸습니다.

나는 1918년의 첫 몇 달을 병상에 누워서 보내야 했습니다. 내 나이는 채 마흔도 되지 않았는데, 병치레를 하는 사이 나는 청년과 중년을 가르는 문턱을 넘어가고 말았습니다. 머리칼은 완전히 백발이 돼 버렸지요.

하지만 좋은 소식도 있었어요. 확실한 정보통에 의하면 내가 곧 노벨상을 받게 될 거라고 하더군요.

1918년 11월 4일부터 9일까지 독일 국민들이 종전을 요구하며 폭동을 일으키는 사건이 벌어졌습니다. 황제는 네덜란드로 도피했고 이어서 곧 공화제가 선포됐지요. 영국 탐사대의 성공을 방해할 수도 있었을 단 하나의 장애물이었던 제1차 세계대전이 11월 11일,

마침내 막을 내렸습니다. 나는 탐사대가 빛의 휘어짐을 관찰할 수 있을 것이라고 확신했어요. 그것은 너무나도 당연한 사실이었으니까요.

1919년 9월 27일, 로렌츠 교수로부터 전보가 도착했습니다.

에딩턴이 빛의 휘어짐을 발견했다네. 최초의 계산에 의하면, 0.9초에서 1.8초 사이야.

영광의 관

11월 6일, 영국 왕립학회에서는 직접 에딩턴의 입을 통해서, 태양에 의해 빛이 1.75초 휘어진다는 사실을 발표했습니다. 그 때의 긴장감은 셰익스피어의 희곡 못지 않았다고 하더군요. 영국 과학계를 대표하는 모든 이들이 학회장을 가득 메우고 있었지요. 과거에 뉴턴이 회장으로 있었던 왕립학회의 현 회장인 J. J. 톰슨은 이런 인사말을 했어요.

"이것은 뉴턴 이후의 가장 위대한 발견이며 인류 역사상 인간의 사고가 이끌어 낼 수 있는 가장 훌륭한 성취 가운데 하나입니다."

다음 날 그 소식은 언론과 신문을 통해 온 세계로 퍼져나갔어요. 나는 하루아침에 평범한 교수에서 '우주론에 일대 혁신을 일으킨

상대성 이론의 발명자이신 그 유명한 아인슈타인 교수'가 되었답니다.

그 자체로서는 썩 성공적이지 못했던 일식이었지만, 모호하고 추상적인 수학 이론으로 간주됐던 내 이론을 현실적이고 구체적인 이론으로 승격시켜 주기에는 충분했어요.

많은 사람들이 나를 뉴턴에 비유했고, 여기서 한발 더 나가 유클리드, 아리스토텔레스, 코페르니쿠스, 다윈까지 들먹였어요. 집 앞에는 기자와 사진 작가들이 진을 쳤죠.

끔찍한 전쟁을 겪고 나자 사람들은 이제 현실로부터 벗어나고 싶어 했어요. 우리의 조그만 행성을 들쑤시는 비참한 싸움질이 다른 별에서 내려다 볼 때는 얼마나 시시해 보일까요?

내 머리에는 느닷없이 영광의 관이 씌워졌어요. 전 세계에서 초청장이 날아들었습니다. 편지들은 또 어찌나 많은지 다 열어 보지도 못하고 쓰레기통으로 들어갔을 정도였어요. 신문 기자들은 공상과학소설을 연상시키는 자극적인 기사들을 써댔지요. '우주가 유한하다면 과연 우주 너머에는 무엇이 있을까?' 따위의 어리석은 글들을 말이죠. 다양한 사람들이 상대성 이론에 대한 소개서를 펴냈습니다. 그래도 나만큼 내 이론을 잘 설명할 수 있는 사람은 없다는 생각에서, 나는 런던타임스에 내 이론을 소개하는 글을 기고했어요.

그 글에서 나는 우선, 한창 전쟁이 벌어지는 와중에 독일 학자의 연구를 확인하기 위해서 탐사대를 파견한 영국인들의 용기에 감사한다는 인사말을 했습니다. 영국인들의 그런 행동은 과학인들과 민족들 간의 교류와 화해 가능성을 보여 주는 것이었지요.

나는 물리학의 역사를 간단히 서술했습니다. 그리고 공간과 시간 개념을 바꾸지 않고서는 광속의 불변성을 받아들이기가 불가능하다는 사실을 설명했어요. 일반상대성 이론의 비유클리드적 공간에 대한 소개도 했지요. 그리고 마지막으로, 다음과 같은 짧은 농담으로 맺음말을 대신했습니다.

"이 글에서 설명한 상대성 이론을 적용해, 독일인들은 나를 독일 학자로 규정하고 영국인들은 나를 스위스 출신의 유태인으로 규정합니다. 하지만 언젠가 나를 증오하게 되는 날이 온다면, 그 때는 정반대로 독일에서는 내가 스위스 출신의 유태인이 될 것이며 영국에서는 독일 학자가 될 것입니다."

그 때까지만 해도 나는 이 말이 내 앞날에 대한 정확한 예언이 될 줄은 꿈에도 몰랐습니다.

내 이론으로 농담을 했던 사람은 비단 나 혼자만이 아니었어요. 많은 물리학자들이 내 이론으로 우스갯소리를 하곤 했지요. 영국의 한 편집자는 《불가사의 나라의 앨리스》라는 풍자적인 책을 출판했는데, 공간과 시간 때문에 골탕을 먹는 앨리스의 이야기였어요. 이 책 속에는 우스꽝스러운 시들이 많죠. 다음은 내가 특별히 좋아하는 시랍니다.

밝음이라는 이름의 소녀가 있었네
소녀는 빛보다 무척이나 빨랐지
어느 날 소녀는 산책을 나갔네
상대적인 속도로 말이지
그리고 그 전날 돌아왔다지

1920년에 나는 에렌페스트의 집에서 몇 주간 머물렀던 적이 있었는데, 유태인들이 나를 소재로 우스갯소리를 지어낸다는 얘기를 듣고 내가 진짜로 유명해졌다는 사실을 실감할 수 있었어요. 에렌페스트는 이런 이야기를 들려 줬습니다.

어느 늙은 유태인이 아주 영특한 아들에게 이렇게 묻지요.

"얘야, 도대체 아인슈타인이 뭐하는 작자냐? 신문마다 온통 그 사람 얘기뿐이니……. 그리고 상대성이 뭐냐?"

그러자 아들이 이렇게 대답했습니다.

"아인슈타인은 말이죠, 우리 시대의 가장 위대한 학자예요. 그리고 상대성 이론이라는 건, 말하자면 이런 거예요. 만약 어떤 남자가 약혼녀를 무릎 위에 앉혀 놓으면 한 시간이 1분처럼 지나가는데, 자기가 뜨거운 프라이팬에 앉아 있으면 1분이 한 시간처럼 지나간다는 거죠. 이런 걸 가리켜서 바로 상대성이라고 하는 거라고요!"

늙은 아버지는 깜짝 놀랍니다. 그러고는 뭐라고 중얼거리면서 곰곰이 생각에 잠기죠. 마침내 아버지가 아들을 쳐다보면서 한다는 말이 이랬답니다.

"그래? 네가 말하는 그 아인슈타인이라는 작자가 고작 그런 걸로 밥벌이를 한대?"

게다가 헝클어진 머리에 수염이 덥수룩한 내 모습이 신문 만화가들에게는 꽤나 좋은 만평거리였죠.

나는 프라하 대학에서 강연을 했습니다.

강연 다음 날, 학생들 몇이 내가 묵고 있던 연구실로 찾아왔어요. 그 중 한 명이 나를 오래 전부터 만나고 싶었다고 하더군요.

"아인슈타인 교수님, 제가 선생님의 방정식 $E=mc^2$을 연구해 봤는데요. 이 도식을 한번 봐 주세요. 원자 안에 들어 있는 에너지로 엄청난 폭발력을 일으키는 방법을 발견했거든요."

"어리석은 생각이야. 터무니없는 걸 연구했군. 거기에 관해서는 별로 얘기하고 싶지 않네……."

페기 학생, 원자 안에다 에너지를 집어넣은 사람은, 내가 아니에요. 만약 내가 원자 속에 담겨 있는 에너지를 발견하지 않았다면 아마도 다른 누군가가 했겠지요. 태양을 관찰하면서 인간은 어떻게 해서 태양이 그렇게 오랫동안 빛을 낼 수 있는지 의문을 가지지 않을 수 없었을 테니까…….

아! $E=mc^2$에 대한 얘기가 한 가지 더 있어요. 나와 사사건건 맞서던 레나르트라는 과학자 역시 이 공식의 유용성을 발견했던 모양입니다. 이 사람도 $E=mc^2$ 속에서 가공할만한 폭발력을 상상했던 게 틀림없었어요. 그래서 책을 한 권 썼는데, 그 책 속에서 레나르트는 이 공식을 발견한 사람이 사이비 유태인 과학자가 아니라 오스트리아 출신의 어떤 물리학자라고 했답니다.

그러나 스웨덴 과학아카데미에서 내게 노벨물리학상을 수여하기로 했다는 소식이 날아들었습니다. 이 소식에 우울하던 마음이 가벼워지더군요.

동료들이 내 연구실로 몰려와 축하를 해 주었어요.

내게 노벨상을 수여하기까지 스웨덴 아카데미는 오랜 시간을 망설였어요. 1921년, 그들은 내게 노벨상을 수여하는 것을 잠시 유보했지요. 그들에게 상대성 이론을 설명해 줄 수 있는 스웨덴의 물

리학자가 없다는 것이 그 이유였어요. 상대성 이론을 비난하는 레나르트와 논쟁에 휘말리고 싶지 않아서 그랬을 가능성도 있었죠.

광전 효과
금속 등의 물질에 일정한 진동수 이상의 빛을 비추었을 때, 물질의 표면에서 전자가 튀어나오는 현상.

결국, 스웨덴 아카데미는 내게 '광전 효과'를 연구한 공로로 노벨상을 주기로 결론을 내렸어요. 광전 효과는 상대성 이론에 비하자면 상대적으로 덜 중요한 연구였죠. 그러자 레나르트는 의기양양하게 공식 성명을 발표했습니다.

"스웨덴 과학아카데미는 상대성 이론이 아닌 다른 연구물에 대해 상을 수여함으로써, 상대성 이론이 잘못된 것임을 인정했다!"라고 말이지요.

나는 여섯 달 가까이 베를린을 떠나 있었어요. 전쟁의 상처가 아물고 과격주의자들이 진정했기를, 그리고 이제는 쓸데없는 논쟁과 살해 위협으로부터 벗어나 연구로 돌아갈 수 있기를 바라는 심정이었어요.

내 기사가 실리면 아마도 신문이 더 잘 팔렸던 모양이에요. 베를린에 돌아오자마자, 내가 러시아의 과격주의자들에게 환영을 받았다는 기사가 신문마다 실리더군요. 레나르트 무리가 언론에다 허위정보를 흘렸던 겁니다.

히틀러가 투옥되면서 반유태주의 분위기는 다소간 잠잠해졌습니다. 덕분에 나는 조용히 지낼 수 있었지요.

거의 10년 동안 나는 특수상대성 이론에서 일반상대성 이론으로 넘어가느라 세상과는 벽을 쌓고 지냈어요. 나는 다시 그런 시간을 갖고 싶었습니다. 내 인생의 10년을, 아니 그 이상의 시간을 쏟아서라도 상대성과 양자를 아우르며 우주를 포괄적으로 설명할 수 있는 이론을 세우고 싶었어요. 이 연구의 열쇠는 바로 장 개념이었죠. 나는 전자기장과 중력장을 하나로 통합시키는 방법을 찾고 있었어요.

다른 한편에서는 천문학이 발전하면서 무한대에 관한 우리의 지식을 완전히 뒤엎어 버리고 있었어요.

허블은 캘리포니아 주의 윌슨 산에 있는 거대한 천체 망원경을 이용해서, 은하수가 우주의 전부가 아니라 별들의 무리에 지나지 않는다는 사실을 확인해 냈습니다. 그 당시까지 사람들은 은하수에서 관찰되는 흰 얼룩들을 일종의 가스 구름이라고 생각했는데, 허블이 그것들을 가까이에서 관찰해 본 결과 사방에 흩어져 있는 다른 은하계들을 발견할 수 있었죠. 그 중 몇몇은 우리로부터 아주 멀리 떨어져 있었어요. 별빛을 연구해 보면, 별이 우리로부터 멀어지는지, 아니면 우리 쪽으로 가까워지는지를 알아낼 수 있어요.

허블은 모든 은하계들이 은하수로부터 멀어지고 있다는 사실을 발견했죠. 거리가 멀어질수록 멀어지는 속도도 더 빨라졌어요! 그것은 곧, 프리드만이 주장했던 우주팽창 가설을 허블이 확인했음을 의미하는 것이었어요.

벨기에 출신의 가톨릭 신부이자 보스턴 대학에서 천문학을 공부한 르메트르는 일반상대성 이론을 바탕으로 정밀한 계산을 한 끝에 우주가 팽창한다는 결론을 내렸습니다.

르메트르에 따르면, 우주는 내일이 되면 오늘보다 더 커지게 됩

지식 넓히기

통일장 이론
우주 만물의 이치를 하나의 수식으로 완벽하고 아름답게 표현할 수 있을 것이라 가정하고 생각해낸 이론이에요.

허블
미국의 천문학자. 허블의 법칙을 발견하여 우주팽창설의 기초를 세웠다.

프레드 호일
영국의 천문학자. 우주 생성론의 하나인 정상우주론(우주는 항상 현재와 같은 모양으로 존재한다)을 주장했다. 미국의 천국학자인 가모가 우주생성론의 하나인 대폭발 이론을 제시하자 그를 조롱하는 뜻으로 '빅뱅'이란 말을 사용하였다. 그 후로 빅뱅에 밀려 정상우주론은 쇠퇴하게 된다.

보어
덴마크의 물리학자. 그가 만든 원자 이론은 후에 양자역학으로 발전했다. 1922년 원자구조론 연구로 노벨물리학상을 수상.

파울리
오스트리아의 물리학자. 상대성 이론과 양자론의 체계화에 힘쓰며 보어를 도와 원자구조론에 공헌했다. 1945년 노벨물리학상 수상.

하이젠베르크
독일의 물리학자. 파울리와 함께 장의 양자론을 발표하여 양자역학의 새로운 방향을 제시했다. 1932년 노벨물리학상 수상.

니다. 어제는 더 작았고 그저께는 훨씬 더 작았겠죠. 르메트르 신부는 과거로 자꾸만 자꾸만 거슬러 올라가서 아주 작은 우주를 발견해 냈어요. 그것은 원자만한 크기지만, 우리가 알고 있는 현재의 거대한 우주를 만들어 낼 수 있는 엄청난 에너지를 담고 있는 우주였습니다. 그 뒤, 내 동료이자 친구인 프레드 호일이 여기에다 '빅뱅'이라는 이름을 붙여 주었어요.

통일장 이론, 즉 상대성 이론과 양자론을 화해시킬 수 있는 대이론에 대한 연구는 큰 진척을 보이지 못하고 지지부진한 상태였습니다. 연구에 대한 집중력과 정열이 20대 때에 비해 많이 줄어든 것만은 사실이었죠. 이렇게 말하면 변명이 될 수도 있겠지만, 연구 외의 활동들 때문에 연구할 시간을 많이 뺏기기도 했어요.

게다가 독일에서 나는 완전히 고립된 상태였어요. 엎친 데 덮친 격으로 건강도 좋지 않았죠. 1927년의 어느 날, 호수에서 노를 저으며 정박지로 가고 있는데 왼쪽 옆구리가 바늘로 찌르는 듯이 아파오더군요. 하지만 통증을 무시하고 벨기에로 떠났어요. 전쟁이 끝난 뒤 처음으로 참석하게 된 솔베이 회의 때문이었죠.

물리학자들은 최근에 대두된 양자론에 대한 얘기만 했어요. 우리는 모두 같은 호텔에 묵고 있었지요. 나는 보어와 파울리, 그리고 하이젠베르크와 함께 아침식사를 했어요.

커피를 마시면서 나는 양자론의 이런저런 면들에 관해 반론을 제기했죠. 우리는 회의장으로 걸음을 옮겼어요. 보어와 파울리와 하이젠베르크는 내 반론을 반박하기 시작했지요.

회의가 진행되는 동안 그들은 내게 수학도식과 공식을 적은 작은 쪽지를 보내면서 반론을 계속해 나갔어요. 저녁식사를 하면서 그 세 친구는 내 반론을 완전히 역전시켜 버리더군요. 그래서 다음 날 나는 다시 반론을 펼쳤죠.

양자역학의 정당성이 점점 더 많은 실험들에 의해서 입증되고 있었다는 것은 나도 부인하지 않겠어요. 사실, 이 이론이 현실을 완벽하게 기술하지는 못했지만 어떤 면에서는 꽤 효율적으로 보이는 것도 사실이었죠. 종종 내 논리는 물리학적이기보다는 철학적인 양상을 띠곤 했어요.

"우리는 지금 가장 추상적인 수학 도구들을 사용하고는 있지만, 우리의 목적은 현실 세계를 기술하는 거라네. 좋은 이론은 현실 세계의 행동을 예견할 수 있어야 하지."

나는 커피를 저으며 낮은 목소리로 말했습니다.

"원자 단계에서는 객관적인 현실이란 존재하지 않습니다. 우리의 감각으로 원자를 관찰하는 것은 불가능해요. 수학은 가능성만을 제시할 수 있을 뿐입니다. 수학으로 현실 세계를 풀 수는 없어요."

하이젠베르크는 내 논리를 반박했지요.

내가 '신은 주사위 놀이를 하지 않는다'고 말하자 보어가 벌컥 화를 내더군요.

지식 넓히기

"신은 주사위를 던지지 않는다"
양자역학은 확률을 기초로 합니다. 항상 명쾌한 증명으로 모든 것이 결정된 상태라는 것을 믿었던 저는 불안정한 확률에 의해 우주가 움직인다는 것을 믿고 싶지 않았죠.

"그걸 어떻게 아십니까? 저라면 주제넘게 신에 대해서 운운하지는 않겠어요."

우리 옆에서 심판 역할을 하고 있던 내 친구 에렌페스트는 매우 당황스러워했죠.

"알베르트, 자네는 자네를 반대했던 사람들이 상대성 이론을 반박했던 것과 똑같은 태도로 양자론을 반박하고 있지 않은가?"

아마도 에렌페스트의 말이 옳았을 겁니다. 하이젠베르크는 상대성 이론에 얽힌 일화를 하나 들려 줬어요.

"1922년에 아인슈타인 선생님의 강연을 들으러 라이프치히에 갔던 적이 있었습니다. 강의실로 들어서는데 레나르트 교수의 학생 하나가 저한테 작은 책자 하나를 주더군요. 그 책에는 선생님의 이론이 허무맹랑한 얘기고, 독일 정신에 대해서는 무지한 유태인 신문들이 과시적으로 관심을 부풀린 데 지나지 않는다고 적혀 있었어요. 저는 그 때 선생님의 이론을 잘 이해할 수는 없었지만 틀림없이 옳은 이론일 거라고 생각했어요. 그렇지 않다면 레나르트 교수가 그렇게 비합리적인 논리로 공격을 하진 않았을 테니까요. 과학적으로 반박할 수 없으니까 그런 식으로 나간 거죠……."

나는 마지못해 이 젊은 학자들을 격려해 줬죠. 노벨상 수상자에게는 후보자를 추천할 수 있는 자격이 있었던 까닭에, 나는 드브로이를 우선적으로 추천했고 다음에 하이젠베르크와 슈뢰딩거를 추천했어요.

드브로이
프랑스의 물리학자. 전자도 파동으로서의 성질을 가지고 있음을 주장했다. 1929년 파동역학 연구의 업적으로 노벨물리학상을 수상.

슈뢰딩거
오스트리아의 물리학자. 파동역학의 건설자다. 1933년 노벨물리학상 수상.

잘못된 이론

1928년 3월에는 강연과 바이올린 연주 일정이 잡혀 있던 스위스의 다보스로 떠났어요. 내가 묵을 별장은 경사가 가파른 길 끝에 있었는데 눈이 많이 쌓여 있었지요. 가방에는 책이 잔뜩 들어 있었고요. 가방 때문에 걷기가 여간 불편하지 않았어요. 그러다가 순간 발을 헛짚었죠. 그 때 자칫하면 세상을 영영 하직할 뻔했답니다. 파도가 모래사장에서 쓸려나가는 것처럼 생명이 육체를 떠난다는 생각이 문득 뇌리를 스쳐지나가더군요.

나는 극진한 보살핌을 받으며 베를린까지 수송됐어요. 베를린에서 가장 명망 높은 의사이자 나와도 오래 전부터 친분이 있는 플레슈 박사는 심낭염이라는 진단을 내렸지요. 그리고 절대 안정해야 한다는 말과 함께 소금을 먹지 않는 식이요법을 권했습니다. 나는 발트해 연안으로 떠났어요. 시끌벅적한 베를린으로부터 멀리 떨어져서 강연회도, 방문객도 없이 지내니 천국이 따로 없더군요. 그저 자연의 비밀을 캐내려는 노력을 포기하고 행복한 마음으로 자연을 지긋이 바라보기만 했어요. 긴 의자에 편안히 누워서 바라본 새들의 우아한 비상과, 끝없이 일렁이는 파도와 태양을 가리려고 애쓰는 구름의 모습이 얼마나 아름답던지…….

시오니스트들과 나의 관계는 양면적인 데가 있었습니다. 나는 그들이 지나치게 민족주의적이라고 생각했어요. 팔레스타인에 살

시오니스트
유태인들의 고향인 팔레스타인에 자신들의 나라를 다시 세우기 위해 활동하는 유태인 운동가들.

고 있는 아랍인들을 쫓아내고 싶어 하는 듯한 인상이 강하게 들었죠. 미국 내 유태인들은 풍부한 자금력을 바탕으로 팔레스타인을 사들였고, 낮은 임금으로 아랍인 농부들을 혹사시키고 있었어요. 아랍인들이 반발을 하거나 폭동을 일으키면 그들을 이해하려고 하기보다는 폭력적으로 대응했고요.

하지만 히틀러가 오래 전에 감옥에서 나왔고, 나치는 점점 세력을 넓혀가며 악랄하게 굴고 있었어요. 시오니즘은 필요불가결했죠. 유태인들에게는 피난처가 시급한 상황이었어요.

발트해 연안에서 오랫동안 머무는 동안, 나는 장들을 통합할 수 있는 한 가지 방법을 찾아냈다고 생각했어요. 유클리드 기하학과 리만 기하학의 중간에 해당하는 새로운 기하학을 창안해냈던 것입니다.

그런데 그만 그 소식이 신문사들에 유출되면서 대문짝만하게 기사가 실렸어요.

'아인슈타인 교수의 위대한 발견, 발표 임박!'

나는 1928년 말에 베를린으로 돌아갔습니다. 아카데미에서 발표를 하기에는 아직도 건강이 좋지 못했어요. 그래서 막스 플랑크 교수가 나를 대신해서 1929년 1월에 나의 새 이론을 발표했지요. 신문 기자들은 내가 만든 방정식들을 전혀 이해하지 못했음에도 불구하고 모두들 열광적인 반응을 보였어요.

'아인슈타인 교수, 마침내 우주의 불가사의를 풀다! 전자가 원

자핵 주위를 도는 힘은 지구가 태양 주위를 공전하는 힘과 동일하다!'

반면, 동료들의 반응은 시큰둥했습니다. 그들은 내가 후퇴했다고 말하더군요. 매우 명석한 물리학자이자 신랄한 비판가이기도 했던 파울리는 다음과 같은 질책성의 편지를 내게 보내왔죠.

선생님은 태양에 의한 빛의 굴절현상에 대해 내렸던 선생님 자신의 해석을 포기하셨습니다. 비록 선생님이 일반상대성 이론을 저버리셨다고 해도 저는 일반상대성 이론의 충실한 신봉자로 남겠습니다. 제가 선생님께 축하를 드려야할까요, 아니면 조의를 표해야 할까요? 한시라도 빨리 선생님의 그 새로운 기하학은 포기해 주시기 바랍니다.

파울리의 말은 옳았지만 나는 승복하지 않았어요. 그 후로도 10년 동안 나는 내 잘못을 인정하지 않았죠! 그 뒤 20년은 제자리걸음을 했고……. 새로운 기하학을 다른 것으로 대체하고 방정식을 바꾸고 5차원에도 도움을 청했지만, 나는 끝내 장 통합에는 실패했습니다.

아무리 아인슈타인이라고 할지라도 시간이 느리게 가 주지는 않는 법입니다. 1929년에 나는 만으로 쉰 살이 됐습니다.

한편, 캘리포니아 공과대학에서는 내게 사람을 보내 한 가지 제안을 해 왔어요. 연구팀에 합류하지 않겠느냐고 허블과 리처드 톨

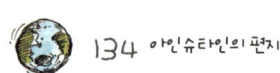

먼이 재차 제안을 했던 것입니다. 한 실업가가 두 달간의 미국 체류비와 사례금으로 써달라고 나를 위해 장학금을 내놓았다고 하더군요. 나는 즉시 그 제안을 받아들였어요.

12월 30일, 나는 샌디에이고에 도착했습니다. 엄청난 인파가 우리를 기다리고 있었어요. 트럼펫이 울려 퍼지는 가운데 꽃마차와 군악대 행진까지 준비돼 있었어요. 참으로 엉뚱하다고 해야 할 이 행사는 장장 네 시간 동안이나 이어졌지요.

허블과 그의 동료들은 거대한 천체망원경으로 관찰한 결과물들을 내게 보여 주었어요. 프리드만과 르메트르 신부의 주장은 확실히 옳았습니다. 우주는 팽창하고 있었어요! 우주론의 혁신적인 발전은 수많은 젊은 천문학자들을 끌어들였죠. 모두들 일반상대성이론을 바탕으로 연구하고 있다고 하더군요. 그들은 극히 복잡한 계산이 필요한 어려운 문제들에 도전하고 있었죠. 우주의 나이는 몇 살일까? 우주는 무한하게 팽창할 것인가, 아니면 '빅 크런치'가 일어나면서 붕괴될 것인가? 등등.

톨먼 교수는 거대한 천체 망원경이 있는 윌슨 산으로 우리를 안내했습니다. 나는 접안렌즈를 들여다봤어요. 맨눈으로 보는 것보다 훨씬 더 많은 별들이 보이더군요. 별빛이 사방에서 날아오고 있었기 때문에 우주의 끝자락을 상상하기란 불가능했습니다. 우주의 상당 부분은 물질이 없는 빈 공간임이 틀림없었지만, 빛이 닿지 않는 공간은 단 1센티미터도 없지요. 에너지와 장들은 사방에서 우

빅 크런치
대붕괴라고도 함. 우주 팽창설과 반대로, 우주가 하나의 점으로 수축되어 붕괴된다는 가설.

주 공간을 휘어 놓습니다. 따라서, 절대적으로 빈 공간이란 존재하지 않는 것이죠!

1932년, 독일에서는 민주적인 선거가 있었습니다. 독일군 원수를 지냈던 폰 힌덴부르크는 아돌프 히틀러를 이겼지만 얼마되지 않아 극우파인 폰 파펜을 총리로 임명했죠. 공화국은 붕괴 직전에 있었어요. 신문들은 나를 포함해서 모든 유태인들을 향해 맹렬한 비난을 퍼부어댔습니다.

나는 아직도 평화주의에 대한 신념을 버리지 못하고 있었어요. 국제 지식인 협력위원회는 글로써 폭력에 대항할 수 있다고 주장하며, '정신의 연대'라는 제목으로 이 시대의 위대한 사람들 간에 오고간 편지글을 책으로 묶어 낸다는 기획을 세웠죠.

나는 프랑스와 독일의 역사 교과서를 주제로 랑주뱅과 편지를 쓰겠노라고 했어요. 국경을 맞대고 있는 이 두 나라가 동일한 시각으로 역사를 기술한다면, 틀림없이 갈등을 줄일 수 있을 것이라는 생각에서였지요. 하지만 이 기획안의 책임자가 알아본 결과, 랑주뱅은 위원회 일로 중국에 가 있었어요.

그래서 나는 프로이트 박사와 서신을 교환하면 어떻겠느냐고 다시 제안했죠. 심리학적인 면에서 어린이의 교육을 개선할 수 있는 방안을 주제로 해서 말이지요. 프로이트 박사와는 1926년에 한번 만나본 적이 있었어요. 우리는 두 시간 동안 대화를 나눴지요. 프

프로이트
정신분석학의 선구자. 무의식이나 꿈 등을 통해 인간 안에 내재된 욕구를 분석했다. 그의 저서들은 20세기 현대 사회에 엄청난 영향을 미쳤다.

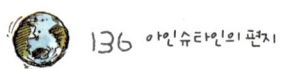

로이트 박사는 사후에 출판된 책 속에서 그 때의 만남을 이렇게 적고 있어요.

아인슈타인 박사는 침착하고 정중하다. 심리학에 대해서는 내가 물리학을 아는 정도로만 알고 있을 뿐. 덕분에 우리의 대화는 아주 유쾌했다.

사실 나는 프로이트 박사의 책을 여러 권 읽었답니다. 프로이트 박사의 말대로, 나도 우리 뇌에 무의식적인 부분이 있음을 확신해요. 꿈을 꿀 때나 바이올린을 연주하고 있을 때 특별한 생각이 떠오르는 것이 그 증거죠. 하지만 내가 직접 정신분석을 받아 볼 생각은 없어요. 달걀을 꺼내려고 암탉의 배를 가르고 싶지는 않으니까 말이죠.

프로이트 박사 앞으로 보낸 공개 서한에서, 내가 우선 제기한 질문은 '인류가 전쟁의 위협으로부터 벗어날 수 있을까?' 라는 것이었어요.

사람들로 하여금 서로를 증오하고 파괴하도록 부추기는 욕망에 관해서 정확히 알고 싶다는 말도 했지요. 우리는 본능을 거스를 수 없는가? 어린이들에게 폭력적인 욕구를 억제하는 방법을 교육을 통해 가르칠 수는 없는가? 등등에 관해서도 이야기했습니다.

우리 인간 속에는 증오와 파괴, 죽음에 대한 충동이 사랑과 생명에 대한 욕구와 공존한다는 것이 프로이트 박사의 답변이었어요.

이 두 가지 욕구는 언제나 서로 섞여 있지. 생물체가 자신을 보호하기 위해서는 공격적인 욕구가 반드시 필요한 까닭에, 우리에게서 그 욕구를 제거한다는 것은 불가능하네.

사람들 말로는 저 먼 곳에 싸움과 지배라는 것을 모르는 풍요로운 섬들이 있다고 하네만, 나로서는 믿기 어려운 얘기네. 정말로 그런 행복한 인간들이 있는지 알고 싶네.

나는 문명과 문화의 발달만이 우리의 전쟁 본능을 억제할 수 있을 것이라고 생각하네. 전쟁을 막아야 하는 주된 이유는, 전쟁이 문명의 발전을 방해하기 때문이지.

문명의 발전은 어쩌면 위험한 것일 수도 있지만 우리는 주어진 여건 속에서 최선을 다해 문명을 발전시킬 의무가 있다네.

결론을 말하자면 말이야, 다음의 두 가지 요소가 결합된다면 인류가 전쟁으로부터 자유로워지는 것도 어쩌면 가능하지 않을까 싶네. 그 두 가지 중 하나는 문명의 진보고, 나머지 하나는 미래에 일어날 수 있는 전쟁의 극단적인 폭력성이 인류에게 공포심을 불러일으키는 것이지.

이 글은 여러 장에 걸친 그의 긴 편지를 간단히 요약한 것이에요. 너무나도 우울하고 거의 절망적이기까지 한 편지였죠. 내 자신도 전제주의의 유혹에 빠져들고 있는 유럽을 지켜 보며 깊은 슬픔에 사로잡혔어요.

결국 나는 국제 지식인 협력위원회 위원직을 사임했죠. 책을 출판하는 방법으로 전쟁을 막을 수 있다고 생각하다니! 참으로 어리석은 생각이었어요.

독일로 돌아온 지 얼마 지나지 않아 나는 다시 가방을 싸서 영국의 옥스퍼드 대학으로 갔어요. 그 곳에서 내게 명예박사 학위를 수여했기 때문이었죠. 옥스퍼드 대학의 평생 교수직도 받아들였어요. 1년에 몇 주만 일하면 되는 자리였죠. 이미 그 당시부터 나는 조만간 독일을 떠나야 할 것 같다는 막연한 예감을 느끼고 있었지요. 집도 절도 없이 떠도는 유태인이 되겠구나 하는……. 나는 진지하게 영어를 공부해 보기로 마음을 먹었어요.

"나는
평화주의자입니다."

"나는 평화주의자입니다."

방랑자

　어느 날 미국의 유명한 교육학자인 에이브러햄 플렉스너가 베를린으로 나를 찾아와, 프린스턴 대학교에 연구소를 마련했다는 얘기와, 그 곳의 책임자로 나를 지목했다는 얘기를 하더군요. 플렉스너는 내게 최상의 연구 조건을 제공해 주었죠.

　며칠 후 나는 캘리포니아 공과대학을 한 차례 더 방문해야 했어요. 카푸트의 우리 집 문을 닫고 택시에 오르면서 나는 가족들에게 이렇게 말했습니다.

　"집을 잘 봐 둬. 다시는 못 보게 될지도 몰라."

　"여보, 예감이 그렇다는 말인가요? 당신답지 않게……."

"예감이 아니라 확률적으로 따져 보고 하는 말이지. 히틀러가 권력을 잡게 되면 유태인들의 재산을 몰수할 게 틀림없어."

우리는 중간에 벨기에에 들러서 나와 친분이 있던 여왕을 만났어요. 여왕은 비올라 연주자와 첼로 연주자를 불러서 나와 함께 모차르트의 4중주곡을 연주했죠. 이어서 우리는 식사를 하며 이런저런 얘기를 나눴어요.

"미국에 가게 돼서 좋으세요?"

"저야 좋지요. 그런데 미국에서는 제가 오는 걸 탐탁해 하지 않는 사람들도 있어요. '애국회'라고 하는 단체가 항의를 했대요. 제가 러시아의 볼셰비키주의자라고 하면서 말이지요. 한 여성 연맹에서는 제가 공산주의자라고 비자를 내 주면 안 된다고 요구했다고 하고요. 또 제 이론은 말할 가치도 없는 이론이라고 주장한답니다. 제 이론이 이해하기 힘든 것은 이해할 만한 게 아무것도 없기 때문이라네요."

"왜 선생님을 공산주의자라고 하는 거죠?"

"제가 했던 평화주의적인 연설들과 뉴욕 타임스에 발표한 종교관이 마음에 안 들었던 모양입니다. 또 독일의 반유태인주의자들이 제가 몇 년 전에 러시아에 갔다는 소문을 퍼뜨리기도 했고요."

"러시아에는 한 번도 가지 않으셨잖아요?"

"그랬죠. 러시아의 정체가 진짜로 공산주의인지는 모르겠지만 저로서는 아주 못마땅해요. 러시아 지도자들은 권력을 잡으려고

볼셰비키주의자
볼셰비키는 '다수파'라는 의미의 러시아어로, 볼셰비키주의자는 레닌이 이끄는 혁명적이고 투쟁적인 러시아 공산당을 지지하는 사람들을 칭한다.

극도로 비열한 방법을 써가면서 서로들 싸우고 있죠. 지금 이 순간에도 러시아 국민들은 자유가 전혀 없는 상태에서 살고 있어요. 그런 상황에서 사는 게 무슨 가치가 있겠어요. 게다가 러시아 지도자들은 나치들만큼이나 내 이론을 싫어하죠. 가난한 무산계급에게는 전혀 관심이 없는, 쓸모없고 불완전한 유산계급의 과학이라고 하면서 말이죠."

내가 윌슨 산에서 톨먼, 허블과 함께 우주의 진화를 연구하고 있던 1933년 1월 30일, 독일에서는 힌덴부르크 대통령이 아돌프 히틀러를 수상으로 임명했습니다.

한 달도 채 지나지 않아 나치는 국회의사당에 불을 질렀고 공산주의자들에게 누명을 씌웠어요. 그리고 계엄령을 선포한 뒤, 독일에 독재 정권을 세웠죠. 신문들은 '아인슈타인, 국제적인 반역자'라는 제목으로 나를 비롯해 거의 모든 예술가와 지식인들을 반역자로 고발했어요.

캘리포니아 공과대학의 연구를 정리하고 우리는 기차를 타고 미국대륙을 건너갔습니다. 그리고 뉴욕에 머무르고 있을 때, 지난 번 미국 여행에서 알게 된 독일 영사가 나를 찾아왔어요.

"공식적으로, 선생님은 독일인이시고 따라서 자유롭게 베를린으로 돌아가실 수 있습니다. 하지만 저는 그것을 말리고 싶습니다. 아마도 돌아가신다면 그 무자비한 사람들이 선생님의 머리카락을 잡고 이리저리 끌고갈 겁니다……."

무산계급
노동력 이외에는 다른 생계수단이 없는 빈곤층, 즉 노동자 계급. 유산계급의 반대말.

계엄령
국가의 비상사태 시, 질서를 유지할 목적으로 대통령의 권한에 의해 내려지는 명령.

베를린의 신문들은 대문짝만한 크기로 '기쁜 소식, 아인슈타인은 돌아오지 않는다!' 라는 기사를 실었지요.

우리가 벨기에에 머무르고 있을 때, 나치들이 유태인들과 유태인의 피가 섞인 반유태인들을 공공기관과 대학에서 모조리 쫓아내려고 한다는 소식이 들렸어요.

독일에 남은 유태인들도 아주 많았는데, 그들은 얼마 뒤 노동 수용소에서 죽고 말았습니다. 선택의 여지가 없었죠. 나치들은 나를 개인적으로 위협했으니까요. 내가 베를린에 돌아간다면 투옥되거나 그보다 더한 일을 당할 것임은 불 보듯 분명했어요.

그리고 우리는 나치들이 무기를 찾는다면서 우리 집에 난입해서 노략질을 해갔다는 소식을 듣게 됐습니다. 처음에는 일종의 보복이겠거니 하고 생각했죠. 그런 뒤, 믿기 어려운 사실들을 차츰 알게 됐어요.

어리석기 짝이 없는 나치들은 내가 주동이 돼서 유태인들을 모아서 나치에 대항할 무슨 음모를 꾸미고 있다고 생각했죠. 그래서 정말로 무기를 찾기 위해서 우리 집을 뒤졌던 겁니다.

집과 호수와 요트를 다시는 볼 수 없다는 사실에 가슴이 아팠습니다. 미국으로 여행을 떠나면서 나는 염분과 충격에 강한 바이올린을 챙기고 그 대신 내가 아끼는 바이올린은 집에 두고 왔지요. 나치들은 틀림없이 내 바이올린도 들고 갔을 겁니다. 비록 값비싼 것은 아니었지만 19세기 초에 제작된 좋은 바이올린이었고, 나와는 완벽하게 마음이 맞는 친구였어요. 서로 간에 오고가는 말은 한마디도 없었건만, 우리의 대화는 더없이 열정적이었죠.

그리고 특별히 값진 물건은 없었지만 책들은 무척이나 아까웠어요. 나치들이 로렌츠 교수와 에렌페스트, 막스 플랑크 교수, 퀴리 부인을 포함해 내 친구들로부터 받은 편지 수백 통이 든 작은 서랍장을 불에 태우고 호수에 던져 넣는 모습이 눈에 선했습니다.

벨기에의 부뤼셀에 머물 때 나는 독일 대사관을 찾아가서 생애 두 번째로 독일 국적을 포기했습니다. 나치들은 화가 나서 펄펄 뛰었지요. 오래 전부터 그들은 대외선전용으로 나한테서 독일 국적을 박탈할 계획을 세우고 있었는데, 그만 내게 선수를 빼앗겨 버렸으니 말이에요.

나는 또 프러시아 아카데미에서도 탈퇴를 했어요. 막스 플랑크 교수가 아카데미에서 나를 제명시키는 문제를 놓고 투표를 해야 하는 곤란한 상황을 맞게 하고 싶지는 않았으니까요.

아카데미는 내가 조국의 적들을 지지하는 선동자라고 비난하면서 탈퇴를 환영한다는 공식 성명을 발표했습니다. 라우에만이 혼자서 용감하게 나를 옹호하고 나섰죠. 막스 플랑크 교수는 신중하게 행동했고 독가스를 만들었던 하버도 쫓겨나야 하는 신세에 처했죠.

1933년 3월 10일, 나치를 지지하는 학생들이 베를린 국립오페라극장 앞에서 2천 권이 넘는 책들을 불태우는 사태가 발생했습니다. 내 책들도 상당수 포함돼 있었지요. 그들은 프로이트, 츠바이크, 토마스 만의 책들 외에도 외국 작가의 책들까지 불에 태웠답니다. 내 조수와 주치의도 독일을 떠났어요. 나는 파리에 있던 옛 물리학 제자인 모리스에게 편지를 썼습니다.

혹시라도 독일에서 망명한 유태인 교수들을 만나는 일이 있거들랑, 내게 연락을 하라고 그 사람들에게 전해주게나. 나치를 피해 망명한 학자들을 모아서 대학을 세워볼까 하는데, 장소는 아마도 영국이 될 것 같네.

헝가리의 물리학자로 런던에 살고 있던 레오 실라르드는 유태인 망명자들을 돕기 위해서 백방으로 뛰고 있었어요. 그 실라르드가 벨기에로 나를 찾아왔지요. 실라르드의 말을 들으니, 대학을 세우는 것보다는 유태인 교수들을 개별적으로 돕는 편이 더 쉽겠더군요. 망명한 유태인 교수들이 적은 보수를 마다 않고 교수직을 받아들인다는 사실을 알고 영국 대학들이 그들을 적극적으로 유치하려는 분위기였기 때문이에요.

듣기로는, 일부 의식 있는 독일인들은 유태인 학자들의 망명을 안타까워했다고 해요. 그 상황을 빗대서, 독일이 좋은 상품을 헐값에 팔아넘기고 있다고 말하는 사람도 있었다는군요.

옥스퍼드 대학 강연 때문에 영국으로 떠나려고 할 즈음, 사랑하는 아들 에두아르트가 아프다는 소식이 들려왔어요.

나는 그 즉시 취리히 행 기차에 올라탔지요. 안타깝게도 에두아르트는 정신분열증이었어요. 그런데 의사들은 에두아르트의 상태를 비관적으로 봤죠.

옥스퍼드 대학에 도착한 뒤, 나는 러더퍼드의 강연에 참석을 하게 됐어요. 기분이 아주 우울했죠. 독일은 절망적인 상태였고, 아들은 정신병원에 입원했으며, 내 미래는 불투명했으니까. 강연이 끝나갈 무렵, 러더퍼드가 나를 단상으로 불러내더군요. 강연장에 참석한 사람들은 열광적으로 박수갈채를 보냈습니다. 그것을 보며

러더퍼드
영국의 물리학자. 원자 내에 극히 작은 핵, 즉 원자핵의 존재를 결론지었다.

"나는 평화주의자입니다." 149

나는 그만 환하게 웃지 않을 수 없었어요. 내 마음 속에는 다시금 기쁨이 찾아들었지요.

그리고 좋은 소식도 들려왔습니다. 나의 비서가 내 편지들과 중요한 논문들을 구해냈다는 소식이었어요. 비서는 그것들을 프랑스 대사관에 맡겼고, 대사관에서는 그것들을 외교 물품으로 분류해 무사히 파리까지 보냈다고 해요.

나는 옥스퍼드 대학과 스코틀랜드에 있는 글래스고 대학에서 강연을 한 뒤 다시 벨기에로 돌아왔어요. 내 인생에서 큰 전환기가 찾아온 것은 바로 그 즈음이었지요. 나는 평화주의를 포기하고 새로운 길로 접어들었고, 결국에 가서는 원자폭탄 제조를 지지하게까지 됐어요.

페기 학생에게 그 때의 상황을 자세히 설명해 줄까 합니다. 이제 페기 학생이 나를 비난했던 바로 그 대목에 이르렀으니까요. 아, 하지만 나치의 폭력 앞에서 내가 느꼈던 감정들은 그 어떤 말로도 옮길 수 없을 겁니다. 우리는 우리 자신을 보호해야 하는 절박한 상황에 놓여 있었습니다. 평화주의는 제1차 세계대전이 끝난 직후에는 당연히 선택이었어요. 그 당시 유럽의 여러 나라들이 평화주의자들의 주장을 받아들여 군사비를 줄였더라면, 세계가 또 한 번의 재앙을 맞는 것을 피할 수 있었으련만……. 1933년에 접어들면서 평화주의를 지키는 것은 불가능했어요. 이미 때를 놓쳐 버린 것이죠.

나는 어떤 변호사로부터 도와달라는 부탁을 받게 됐어요.

군대에 가길 거부했다는 이유로 구속된 두 벨기에 젊은이들의 변호를 맡은 사람이었죠. 나는 그 변호사에게 다음과 같은 편지를 보냈어요.

최근까지는 전쟁에 대해 개인적으로 저항하는 길이 유럽의 군국주의에 맞서 싸우는 효과적인 방법이었을지도 모릅니다. 그러나 이제 상황은 변했습니다. 독일은 전쟁을 원하고 있습니다.

특히 벨기에와 프랑스를 포함해서 다른 모든 나라들은 심각한 위험 상황에 놓여 있기 때문에 군사력 강화는 어쩔 수 없는 선택일 수밖에 없습니다. 독일이 벨기에를 점령한다면 어떻게 되겠습니까! 1914년보다 훨씬 더 끔찍한 상황이 벌어질지도 모르는 일입니다.

따라서 저는 솔직하게 말씀드립니다.

만약 제가 벨기에인이라면 지금 같은 상황에서는 병역을 거부하지 않겠노라고 말입니다. 유럽의 문명을 구하는 데 기여한다는 생각에 오히려 기쁜 마음으로 군에 복무할 것이라고 말입니다. 그렇다고 해서 제가 과거에 지지했던 모든 원칙들을 포기한다는 뜻은 아닙니다. 병역의 거부가 인류의 진보를 돕는 한 방편이 되는 시기가 다시 오기를, 저는 희망하는 바입니다.

이 편지가 발표되자 평화주의자들은 엄청난 충격에 휩싸였죠.

그들로서는 전 세계적으로 유명한 평화주의자 한 사람을 잃게 됐으니까 말이지요. 로맹 롤랑은 양심적인 병역거부자들에게 격려의 말을 전하면서 그 말끝에 내가 그들을 배신했노라고 덧붙였어요. 나의 태도 변화를 일컬어, 등 뒤에서 칼을 꽂았다고 하는 사람들도 있었고요. 평화시에는 누구나 평화주의자가 될 수 있지만 진정한 평화주의자는 전쟁의 위협 앞에서 드러난다는 말도 했죠. 그리고 이런 말도 했어요. 아인슈타인은 위대한 학자이자 보잘 것 없는 정치가라고…….

사실 맞는 말이지요. 그들 모두가 절대적인 평화주의자였다고 한다면 나는 상대적인 평화주의자였던 셈이죠.

이 일로 나는 순식간에 독일 나치에게 저항하는 상징적인 인물로 부각됐어요. 영국의 하원의원 로커 램슨이 나를 런던으로 초대한 덕분에, 나는 윈스턴 처칠을 비롯한 영국의 여러 저명 인사들을 만날 수 있었어요. 나는 가족에게 이런 편지를 썼지요.

윈스턴 처칠은 상당히 인상적인 사람이야. 틀림없이 영국인들은 미래를 멀리 내다보고 행동을 결정할 거라고 봐.

제1차 세계대전 당시 영국 수상을 지냈던 로이드 조지의 집에 초대를 받아 갔을 때, 나는 비망록의 주소란에 '없음'이라고 적어 넣었지요. 그 다음 날 로커 램슨은 영국 하원 앞에서 다음과 같은 멋진 연설을 했어요.

"이제 아인슈타인 박사에게는 집이 없습니다. 독일인들이 박사의 전 재산을 몰수했고 심지어는 박사의 바이올린까지 빼앗아 갔습니다. 우리는 영국의 전통에 따라, 나치에게 쫓겨난 유태인들을 받아들이고 그들에게 영국 국적을 주어야 할 것입니다."

참으로 너그러운 제안이었지요. 그러나 안타깝게도 영국 하원의 원들은 이 제안에 반대표를 던졌고 결과적으로 영국은 유럽의 유태인들을 구해 주지 못했죠.

나는 벨기에로 돌아갔어요. 영국에 갔을 때 히틀러의 독재를 고발하는 책에 추천사를 써 준 일이 있었는데, 그 일 때문에 나치들이 이만저만 화가 난 게 아니었어요. 그들 중의 일부가 내 머리에다 현상금 5천 달러를 걸었다고 하더군요. 나는 신문 기자들 앞에서 농담조로 이렇게 말했죠.

"내 머리가 그 정도의 가치가 있는 줄은 미처 몰랐는데요! 그런 위협 따위는 전혀 겁날 게 없어요. 불한당이 못된 짓을 하려고 준비를 하면서 그걸 동네방네 떠들고 다니겠습니까?"

영국에 머무르고 있을 때, 한 조각가가 내 반신상을 제작하고 싶어 했어요. 나는 그 청을 받아들여서 몇 시간 동안 자세를 잡아 주었죠. 참 재미있는 경험이었는데, 페기 학생도 기회가 있으면 한번 해 보세요.

그 조각가는 선하신 신이 아담을 창조했던 것과 똑같은 방법으로 내 모습을 점토로 만들어 냈어요. 그런 뒤에 점토 모형을 토대로 돌을 쪼아서 반신상을 만들었죠. 조각가는 그 작품을 런던의 한 화랑에 전시했어요. 그런데 누군가가 그 조각상을 부수려고 했답니다. 영국에서조차도 나를 미워하는 사람이 있었던 것이죠. 나는 미국의 프린스턴으로 떠났습니다.

낯선 미국 생활

나는 비서를 포함해 여러 일행들과 함께 미국의 뉴욕 항에 도착해서 모터보트를 타고 항구를 빠져나갔어요. 부두에서 기다리고 있던 수많은 기자와 구경꾼들은 허탕을 쳤죠. 뉴욕 시장은 실망이 이만저만이 아니었을 겁니다. 멋진 장면을 연출하려고 단단히 벼르고 있었을 테니까 말이지요. 듣자하니, 시장은 뉴욕에 사는 유태인들 표를 끌어 모아서 다음 시장 선거에 재선될 생각으로, 나를 떠들썩하게 환영할 계획이었다고 하지요.

에이브러햄 플렉스너는 우리를 자신의 차로 프린스턴까지 안내했어요. 우선은 임시 거처에다 짐을 풀기로 했지요. 나는 걷고 싶어서 중간에 차에서 내렸답니다. 어떤 학생 하나가 가게에서 엄청나게 큰 아이스크림을 먹는 걸 보고 나도 그 가게에 들어가 똑같은 아이스크림을 샀지요. 학생과 직원이 깜짝 놀라더군요. 아마도 아인슈타인은 전자와 빛만 먹고 사는 줄 알았나 보죠.

애초에 나는 프린스턴에 6개월만 머무르기로 계약을 했어요. 그 뒤에는 유럽으로 돌아갈 계획이었고, 적어도 옥스퍼드 대학과 라이덴 대학의 계약은 이행할 생각이었죠.

그런데 결국은 지금까지 프린스턴에 살고 있습니다. 어느새 17년이라는 세월이 훌쩍 지나갔군요. 설사 내가 유럽에 갔다한들 어디에서 살 수 있었겠어요? 프린스턴은 모든 활동이 대학을 중심으로 돌아가는 쾌적한 소도시지요. 100년도 넘은 고목들에 둘러싸여 혼란한 세상으로부터 격리된 곳이고요. 우리는 아담한 집을 한 채 빌렸어요. 연구소는 아직 건설 중에 있었기 때문에 프린스턴 대학 내의 부속 건물을 임시로 사용하고 있었고, 집에서 그 곳까지는 걸어갈 수 있는 거리였어요. 연구소에서 일하는 연구원들은 모두 열여덟 명이었죠. 나는 어떠한 의무도 없었어요. 학생을 가르칠 필요도 없었고 강연을 할 필요도 없었습니다.

새로운 생활에 익숙해지기까지는 시간이 걸렸어요. 영어도 서툴렀고요. 일전에 대학 학장의 아들이 내게 말하기를, 1933년 12월에 아버지 사무실에 이런 전화가 걸려왔을 때 자기도 그 방에 있었다고 하더군요.

"학장님 좀 부탁합니다."

"지금 안 계신데요."

"아인슈타인 씨가 어디 사는지 알 수 있을까요?"

"죄송합니다. 아인슈타인 교수님의 주소는 알려드릴 수가 없어요. 신문 기자들이 교수님 댁에 몰려들면 안 되거든요."

"이크, 내가 아인슈타인 교수인데요! 산책을 나왔다가 집을 못 찾아서 그러는데……."

프린스턴의 거의 모든 주민들이 그랬던 것처럼, 내 이웃들도 우리에게 매우 친절했어요. 사실 미국인들은 나를 상대성 이론의 발명자로서보다는 히틀러에게 맞선 용감한 시민으로 대해 주었답니다. 우리는 미국의 대통령 루즈벨트의 초대를 받고 백악관을 방문하기도 했어요. 나는 루즈벨트 대통령과 유럽의 상황에 대해 얘기를 나눴지요.

루즈벨트
미국의 26대 대통령. 1907년 노벨평화상을 수상했다.

나는 피츠버그에 와서 많은 사람들 앞에서 질량과 에너지에 대해 강연을 해 달라는 초청을 받았습니다. 그 강연은 영어로 진행됐지요. 약간 불안하긴 했지만, 뭐 어떠랴 싶어서 초대를 받아들였습니다. 미국인들은 유럽인들보다 훨씬 더 솔직한 구석이 있어요. 나는 칠판에 가득 공식을 써놓고, 평소 하던 대로 "보시면 알겠지만, 아주 간단하죠." 하고 말하면서 강연을 끝맺으려고 했어요. 그러자 참석한 사람들이 전부 "안 돼요! 안 돼요!" 하면서 소리를 지르는 게 아니겠어요!

강연이 끝나고 난 뒤, 나는 신문 기자들로부터 질문을 받았죠. 그들 중 한 사람이 내게 묻더군요.

"원자에 충격을 가해서 교수님의 방정식에 대응하는 엄청난 에너지를 얻어내는 것이 가능하다고 보십니까?"

"이론적으로는 가능하지만 실제로는 불가능합니다. 원자는 스스로 붕괴하면서 방사선을 방출하는데, 그것은 우리가 제어할 수 있는 성질의 것이 아닐뿐더러 방출되는 에너지의 양도 매우 적습니다. 충격을 가해서 원자를 쪼개는 것은 깜깜한 밤하늘에 날아가는 새를 쏘는 것만큼이나 어려운 일입니다."

평소 나는 선하신 신이 내게 두 가지 자질을 줬노라고 즐겨 말하곤 합니다. 바로 고집불통과 통찰력이죠. 아마도 통찰력은 나이가 들면서 녹이 슬었나 봅니다. 통일장 이론을 연구하라는 신의 말씀을 곧이곧대로 믿고 지금껏 고집스럽게 붙들고 있으니…….

어쨌든, 평화주의를 고집하지 않은 것은 잘한 일이었죠. 프랑스와 영국의 평화주의자들이 자신들의 정부에 압력을 가해서, 두 나라 정부가 독일에게 지나치게 나약한 태도를 취한 것은 유감스러운 일이 아닐 수 없었어요. 히틀러는 1938년에 체코슬로바키아 일부와 오스트리아를 합병했죠. 프랑스와 영국인들은 비겁하게도 그 사태를 눈감아 주었습니다.

불길한 비밀특허

여름이 오자 나는 다시 롱 아일랜드로 갔습니다. 내가 빌린 집은

이 커다란 섬의 가장 끄트머리인, 외지고 아주 조용한 곳에 있었지요. 주변에 사는 사람이라고는 내게 이 집을 소개해 준 아마추어 음악가 친구들 밖에는 아무도 없었고요. 행복한 시간이었어요. 바다에서 배도 타고, 모래 언덕에 기대고 앉아 실컷 몽상을 할 수도 있었으니까요.

어느 날, 테라스에 앉아서 벨기에의 황태후에게 편지를 쓰고 있는데 저 멀리에서 양복을 차려 입은 두 신사와 작은 사내아이가 모래 언덕을 넘어오는 모습이 보였어요. 나는 맨발에다 낡은 스웨터만 한 장 걸치고 있었기 때문에, 양복에다 검은 구두를 신고 모자까지 눌러 쓴 신사들의 차림새가 좀 우습다는 생각을 하지 않을 수 없었어요. 그런데 가만 보니 그 중 한 사람이 내가 아는 사람이더군요.

"아니, 실라르드! 어떻게 여기를……. 미국에는 언제 왔나?"

"안녕하세요, 아인슈타인 선생님. 작년부터 뉴욕에 있는 컬럼비아 대학에서 일하고 있어요. 이쪽은 유진 위그너라고 합니다. 이 친구도 저처럼 헝가리 사람이지요. 그리고 선생님과 마찬가지로 프린스턴 대학의 교수로 있고요. 또 여기 이 어린 친구는 지미라고 하지요. 휴…… 여기는 완전히 세상의 끝이로군요."

실라르드는 굵게 흐르는 이마의 땀을 닦았습니다.

"오느라고 힘들진 않았나?"

"위그너가 차를 갖고 왔지요. 사람들이 피코닉에 있는 무어 박사 별장을 찾으라고 얘길 해 주더군요. 피코닉을 한 시간은 돌았나 봐요. 그런데 무어 박사 별장을 아는 사람이 아무도 없더라고요."

"나도 무어 박사는 몰라. 그 사람이 이 집 주인이지."

내 말에 실라르드는 어이없다는 표정을 지었습니다.

"아무튼 그래서 뉴욕으로 돌아가려고 하는 찰나에 길에 지미가 지나가기에, 아인슈타인 교수님이 어디 사시는지 아느냐고 물어봤죠. 그랬더니 지미가 이리로 저희를 데려다 줬어요."

"저는 이제 가도 될까요? 길 잘 찾아서 돌아가실 수 있겠어요?"

지미 역시 더위에 지쳐 보였어요.

"그래, 지미. 고맙다. 자, 여기 10센트로 아이스크림이나 사먹으렴. 그런데 자네들은 무슨 일로 여기까지 왔나?"

"보어 박사가 프린스턴에서 선생님을 잠깐 만났다고 하시던데요. 보어 박사는 덴마크로 다시 떠나셨죠. 제가 추측하기로는, 보어 박사가 선생님께 아무 말씀도 안 하신 것 같습니다만……."

"무슨 말?"

"제가 지금부터 드리는 말씀은 절대 비밀입니다. 리제 마이트너 박사와 오토 한 박사가 카이저 빌헬름 연구소에서 우라늄을 쪼갰다는 얘기는 아시죠?"

"실라르드, 지금은 누구 할 것 없이 다 우라늄을 쪼개고 있다네. 페르미도 로마에서 그 실험을 했고 말이야……."

"네. 페르미 박사는 원자핵을 인공적으로 변환시키는 데 결국

리제 마이트너
스웨덴의 물리학자로 핵분열 연구의 창시자.

오토 한
독일의 핵화학자. 원자 폭탄의 제조의 기초가 되는 우라늄 핵분열을 연구했다. 1944년 노벨화학상을 수상.

페르미
이탈리아의 물리학자. 방사성 동위원소를 만들어 초(超)우라늄원소 및 핵분열 연구의 길을 열었다. 1938년 노벨물리학상 수상.

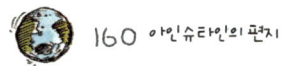

"나는 평화주의자입니다."

알파선
방사선 물질에서 나오는 방사선의 하나.

성공했죠."

"그건 옛날 이야기라네. 이미 1920년경에 알파선으로 질소를 쪼개서 산소를 만들어 냈는걸. 원자에서 에너지를 방출시키는 게 모두의 꿈이지. 프린스턴에서도 그런 실험을 하고 있고. 에너지를 얻으려고 그것보다 더 많은 에너지들을 써 가면서 말이네. 나는 관심도 없어. 저들은 저들대로 살고, 나는 나대로 사는 거지."

"그럼 박사님은 여전히 통일장 연구를 하고 계시나요?"

"내 말년을 거기에다 온통 쏟아 부어야 할 것 같네……."

그러자 실라르드는 조금 더 작은 목소리로 내게 말했어요.

"선생님, 실은 말입니다. 제가 1934년에 영국 해군본부에 비밀 특허를 제출한 적이 있었어요."

"비밀특허라는 게 있나?"

"군사기밀에 속하는 특허지요. 채드윅 박사가 1932년에 중성자를 발견했을 때, 저는 중성자가 원자핵을 쪼개는 데 있어서 이상적인 수단이 될 수 있겠다는 생각을 했습니다. 우라늄 원자에는 중성자들이 아주 많지 않습니까. 중성자 하나로 우라늄 원자핵을 때리면 원자핵이 두 조각으로 갈라지면서 원자핵 두 개가 만들어지지요. 이 과정에서 중성자 두 개가 빠져나오게 되고, 그것들은 다시 그 원자핵 두 개를 때리면서 원자핵 네 개를 생성하게 됩니다. 그러면 중성자 네 개가 빠져나오면서 원자핵을 때려서 원자핵 여덟 개를 생성하고, 이런 식으로 계속 이어지는 거죠……."

"예전 질소를 쪼갰을 때 나도 그런 생각을 했다네. 아주 무시무시한 생각이지. 자네는 그게 가능하다고 보나?"

"저는 그 현상을 연쇄반응이라고 부릅니다. 제가 낸 비밀특허는 바로 그 연쇄반응에 대한 것이었죠. 분명, 실제로 일어나기는 힘든 일이지요. 그런데 오토 한 박사가 그걸 해낸 것 같습니다."

"베를린에서? 온 세상 사람들이 전쟁 얘기를 하고 있는 이 시기에? 실라르드, 자네 말을 들으니 오싹한걸."

"선생님을 오싹하게 만들려는 게 바로 제가 여길 찾아온 목적이랍니다. 혹시 리제 마이트너 박사를 잘 아시나요?"

"정확히 30년 전에 짤즈부르크에서 처음 만났지. 베를린에 있을 때 가끔씩 봤고."

"그렇다면 리제 마이트너 박사가 오스트리아인이라는 것도 아시겠네요. 1938년에 오스트리아가 독일에 합병되면서 독일인이 됐지만. 마이트너 박사는 오스트리아가 합병되자마자 연구소에서 쫓겨났어요. 마이트너 박사도 유태인이었거든요. 그래서 독일을 떠나서 스웨덴으로 망명했죠. 독일인인 오토 한 박사는 마이트너 박사와 함께 하던 실험을 계속해 나갔고요. 그 친구는 효과를 높이려고 중성자들의 속도를 느리게 만들었지요."

"어떻게 중성자들의 속도를 느리게 만들지?"

"아주 간단합니다. 흑연을 사용하면 돼요. 흑연은 아주 효과적인 감속재죠. 오토 한 박사가 중성자로 원자핵에 충격을 주자 극소

바륨
공기 중에서 잘 산화하고 상온에서 물을 분해하는 은백색의 금속.

량의 바륨이 검출됐어요. 한 박사는 곧바로 스웨덴에 있던 리제 마이트너 박사에게 그 사실을 편지로 알렸고요."

"오토 한은 자네처럼 비밀특허를 제출하지는 않았던 모양이지?"

나는 살짝 미소를 지었어요.

"이건 절대 농담으로 받아들일 얘기가 아닙니다, 선생님. 독일에서 폭탄을 만든다고 상상해 보세요! 그런 점에서는 선생님을 비롯해서 막스 보른 박사나 리제 마이트너 박사 같은 최고의 물리학자들이 독일에서 추방된 게 천만다행이죠. 제가 추측하기로는, 오토 한 박사와 리제 마이트너 박사는 각각 실험과 결과 분석을 맡았던 게 아닌가 싶어요. 오토 한 박사는 바륨이 어떻게 해서 추출됐는지 이해하지 못했고, 그래서 평소 그랬던 것처럼 리제 마이트너 박사에게 물어 봤던 거지요."

"나는 오토 한이 그렇게 바보라고는 생각하지 않네."

"선생님이 그런 말씀 하실 줄 알았어요. 자, 얘길 계속해 보겠습니다. 리제 마이트너 박사한테는 오토 프리슈라고 코펜하겐에서 보어 박사와 함께 연구를 하고 있는 조카가 있지요. 그 친구가 1938년 말에 연말을 함께 보내려고 스톡홀름에 있는 마이트너 박사를 찾아간 겁니다. 그 때 리제 마이트너 박사가 조카한테 오토 한 박사의 편지를 보여 주면서 상황설명을 했죠. 오토 한 박사가 우연히 우라늄의 원자핵을 쪼갰는데 본인도 그 사실을 정확히 깨닫지 못하고 있다는 것과, 우라늄보다 질량이 절반 가량 가벼운 바륨이 추출됐다는 것이 원자핵을 쪼갠 증거라는 얘기였죠. 리제 마이트너 박사는 그것을 설명하면서 '핵분열'이라는 표현을 사용했어요. 프리슈는 보어 박사에게 그 소식을 전했고요. 보어 박사는 기분이 썩 좋지 않은 것 같더군요."

"자신이 중성자 속도를 늦춘다는 발상을 하지 못했다는 것 때문에 말인가?"

"보어 박사에 대해서야 선생님께서도 잘 아시지 않습니까. 원자 모형을 제안한 장본인이니 그 생각을 못했을 리가 없겠지요. 어쨌든 보어 박사도 기여한 부분이 없지 않아요. 보어 박사는 중성자가 동위원소 235만 쪼갰다는 것을 알아냈으니까요. 페르미 박사도 이탈리아에서 핵변환 실험을 하면서 핵분열에 성공했던 게 틀림없었는데, 우라늄 동위원소 235가 동위원소 238에 비해 100분의 1 이상 적기 때문에 자신이 핵분열을 했다는 사실을 깨닫지 못했던 것이죠."

"어떤 면에서는 다행이군. 우라늄 238은 중성자들을 흡수하기 때문에, 연쇄반응이 이론적으로는 가능하다고 해도 실제로는 일어나기 힘들지 않겠나."

"유감스럽지만 그게 그렇지가 않아요. 연쇄반응을 일으키는 건 가능합니다. 졸리오 퀴리 박사가 남편과 같이 오토 한의 실험을 재연한 결과, 우라늄 235가 핵분열을 하면서 많은 중성자들을 방출

지식 넓히기

우라늄은 234, 235, 238의 질량수를 갖는 동위원소 3종의 혼합물이 일체된 형태를 갖습니다.

졸리오 퀴리
퀴리 부부의 딸로 남편과 함께 중성자 및 인공 방사능을 발견했다.

한다는 사실을 증명해 냈거든요. 페르미 박사도 뉴욕에서 같은 결과를 냈고요."

"페르미가 뉴욕에 있다고?"

"노벨상을 받으러 스톡홀름으로 갔다가 거기서 망명을 했어요. 이탈리아가 히틀러 편을 들까 봐 두려웠던 거죠."

"그럴 수 있지. 이제 폭탄을 만들기 위해서는 우라늄 238에서 우라늄 235를 분리하는 일만 남았군 그래. 흠…… 그건 아주 어려운 일일 텐데."

"독일과 우리 중에서 누가 먼저 그 문제를 해결하게 될까요? 동위원소 235를 충분히 추출해 내기 위해서는 우라늄이 엄청나게 많이 필요합니다. 그래서 위그너와 제가 고심해서 생각해낸 사람이 바로 선생님이세요."

"나를? 내가 프린스턴에 우라늄 광산이라도 갖고 있단 말인가?"

"그럴 리야 없지요. 우라늄은 거의 모두 벨기에령 콩고에 매장돼 있으니까요. 그리고 선생님은 벨기에의 여왕을 잘 아시고요."

"여왕이 아니라 황태후라네. 자네들이 왔을 때 마침 벨기에 황태후에게 편지를 쓰고 있었던 참인데. 돌아가신 알베르 왕은 자기가 나라 일에 개입할 수 있는 처지가 아니라고 나한테 얘기한 적이 있었다네. 그러니 황태후에게는 더 어려운 일이겠지. 황태후는 왕의 어머니일 뿐이고 게다가 독일 태생이거든. 차라리 벨기에 정부에다 편지를 보내는 편이 나을 것 같네. 내가 그쪽에도 아는 사람이 있거든. 아무렴, 벨기에가 독일에다 우라늄을 파는 일은 절대 있어선 안 되지."

열흘 뒤에 실라르드가 다시 나를 찾아왔죠. 이번에는 헝가리에서 망명한 에드워드 텔러라는 사람을 같이 데려왔더군요.

"그래, 실라르드. 내 편지는 보냈나?"

"사실은 아직 보내지 않았습니다. 먼저 미국 정부에 보여주는 게 우선 순위일 것 같아서요. 사람들이 알렉산더 작스라는 은행가를 만나보라고 조언을 하더군요. 그 사람이 루즈벨트 대통령을 잘 안다고 말입니다. 그래서 텔러와 제가 작스라는 사람을 만나 봤죠. 그 사람 말로는, 루즈벨트 대통령이 선생님을 아주 존경한다고 하더군요."

"미국에 도착한 뒤에 백악관에서 저녁을 같이 한 적이 있었지."

"작스 생각에는, 선생님께서 루즈벨트 대통령에게 편지를 써야 한다는 겁니다."

"자네 뜻에 따르겠네. 똑같은 내용으로 쓸까? 벨기에의 우라늄 얘기 말일세."

"작스와 위그너 그리고 텔러와도 같이 상의를 해 봤는데요, 거두절미하고 곧장 요점을 말하는 편이 나을 것 같습니다."

실라르드는 자신의 생각을 내게 설명해 줬지요. 나는 실라르드에게 편지를 구술했고, 실라르드는 그걸 다시 영어로 옮겨 적었습니다.

대통령 각하,

페르미와 실라르드 박사의 최근 연구를 통해서, 저는 가까운 미래에 우라늄이 중요한 새 에너지원으로 부상하게 되리라는 생각을 갖게 되었습니다. 이런 국면 속에서 진행되고 있는 일부 움직임들은 주의가 필요해 보이며 만약의 경우에는 즉각적인 행정적 조치가 필요하다고 생각하는 바입니다. 따라서 저는 다음과 같은 사실들을 각하께 알려드리는 것이 제 의무라고 믿습니다.

프랑스의 졸리오와 미국의 페르미 그리고 실라르드는 다량의 우라늄 안에서 핵분열이 확실히 가능하다는 것을 보여 주었습니다. 이 새로운 현상을 이용할 경우, 매우 위력적인 폭탄 제조가 가능해지게 됩니다. 이런 유형의 폭탄은, 단 하나만 배에 실어서 항구로 들여온다고 해도 항구 전체와 일부 인근 지역까지 파괴할 수 있는 위력을 갖고 있습니다. 비행기로 수송하기에는 폭탄의 무게가 지나치게 무거우리라고 추측됩니다.

이 말에 이어서, 우리는 공식적인 책임자를 지명할 것을 권고했습니다. 현재 하버드와 컬럼비아 그리고 프린스턴 대학 등에서 분산적으로 진행되고 있는 물리학자들의 연구를 조직화하는 일, 행정부와 군에 관련 업무를 지시하는 일, 외교적인 접촉을 통해 벨기에에 우라늄 문제를 설명하는 일, 기업들로부터 자금을 끌어들여 연구를 장려하는 일 등이 책임자가 할 일이었지요.

우리는 독일이 체코슬로바키아를 합병하면서 우라늄 광산을 확보했고 카이저 빌헬름 연구소에서 핵분열 연구가 진행되고 있다는 사실을 알리는 것으로 편지를 마무리했습니다. 나는 영어로 옮겨진 편지를 읽어 보고 나서 거기에 서명을 했습니다.

페기 학생, 원자폭탄 제조와 관련돼서 내가 한 가장 주된 역할은 바로 이 일이었습니다. 내가 $E=mc^2$이라는 방정식을 적은 것은 사실입니다만, 우라늄과 알파선과 중성자에 대한 연구를 한 적은 한 번도 없어요. 만약 내가 이 일이 어떻게 진행되리라는 것을 미리 알았더라면 절대 편지에 서명을 하지 않았을 겁니다. 지금은 그것을 후회하고 있어요. 그것은 내 인생의 가장 큰 실수였습니다. 비록 내가 이 편지를 루즈벨트 대통령에게 보내지 않았다고 해도, 틀림없이 미국인들은 그 폭탄을 만들었을 것입니다. 영국을 비롯해서 모든 나라에서 연구가 진행되고 있었으니까 말이에요.

하지만 내가 이 끔찍한 일에 휘말리게 되는 일은 일어나지 않았을 테지요. 그러면 페기 학생과 나는 친구가 될 수 있었을 거예요.

영국으로 망명한 막스 보른은 전쟁과 관련된 일에는 관여하지 않겠노라며 참여를 단호하게 거절했습니다. 경우에 따라서는 군인들이 자신들의 연구를 군사적인 목적으로 이용한다고 해도 물리학자로서는 그것을 막을 방도가 없어요. 하지만 적어도 군사적인 이용을 부추기지 않을 수는 있지요.

1939년 9월 1일, 독일은 폴란드를 침공하면서 제2차 세계대전을 일으켰습니다. 미국은 일정한 거리를 둔 채 전쟁에 개입하지 않았지만, 루즈벨트 대통령은 일련의 사태들을 주시하고 있었죠.

이런 상황에서 은행가 알렉산더 작스는 대통령을 성가시게 할까 우려해서 편지를 전달하지 못하고 있었어요. 10월 11일에 마침내 작스는 대통령에게 내 편지를 전달할 수 있었습니다. 예전에 저녁 식사를 함께 하면서 알게 된 사실이었지만, 루즈벨트 대통령은 매우 지적인 사람이었죠. 그는 작스가 편지를 미처 다 읽기도 전에 말을 가로채더랍니다.

"알렉스, 그러니까 자네 생각은 나치가 우리를 산산조각내지 못하게 하라는 것 아닌가! 얼른 대책을 세워야겠군!"

며칠 뒤, 나는 대통령으로부터 다음과 같은 편지를 받았어요.

친애하는 아인슈타인 박사께,

제게 중요한 내용을 알려주신 데 대해 감사드립니다. 박사께서 알려주신 사안이 워낙 중요한 것이라, 육군과 해군 장성들을 소집해 위원회를 만들었습니다. 위원회에서는 박사께서 제안하신 우라늄 문제를 검토하게 될 것입니다.

맨해튼 프로젝트

10월 21일, 위원회는 페르미와 실라르드, 위그너 그리고 텔러를

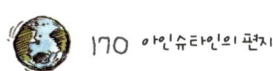

만났어요. 그리고 그것으로 끝이었습니다. 아마도 관료주의라는 큰 산이 앞을 가로막고 있었던 게 아닌가 싶어요. 실라르드는 격노했죠. 1940년 5월에 실라르드는 다시 나를 찾아와, 루즈벨트 대통령에게 편지를 한번 더 써달라고 부탁하더군요. 나는 독일이 연구를 계속해 나가고 있다는 사실을 강조하는 편지를 다시 썼지요. 듣자하니, 하이젠베르크가 카이저 빌헬름 연구소에서 핵반응 전문가인 카를 프리드리히 폰 바이츠제커와 함께 연구를 진행하고 있다고 하더군요. 상황이 시급했죠. 한편에서는, 졸리오-퀴리가 한 물리학 학술지에 연구결과를 발표하기도 했고요. 친구와 적이 동시에 읽을 수 있는 이런 식의 논문발표는 막아야만 했어요.

그런 뒤, 알렉산더 작스가 프린스턴으로 나를 찾아왔어요. 백악관에서 회의가 열릴 예정이라는 소식을 전해 주더군요. 대통령과 위원회에 소속된 위원들 그리고 여러 학자가 모여서 앞으로 해야 할 일들을 결정하기로 했다고 말입니다. 나는 감기에 걸려서 못가겠다고 핑계를 댔죠. 하지만 사실은, 군인들이 잔뜩 앉아 있는 앞에서 내가 잘 알지도 못하는 주제에 관해 이렇다 저렇다 떠들고 싶지가 않았어요. 나는 작스에게 내 의견을 대신 전해달라고 부탁했지요.

"정부와 대학 책임자들로 구성된 조직을 만들어서 연구를 본격적으로 추진해야만 한다고 전해 주십시오."

'맨해튼 프로젝트' 라는 이름으로 알려진 이 비밀 조직은 1941년

맨해튼 프로젝트
미국 정부가 제2차 세계대전 당시 비밀리에 추진했던 원자폭탄 제조 계획. 전 세계 최고의 학자들이 비밀리에 참여했다.

12월 6일 결성됐습니다. 공교롭게도 바로 다음 날 일본이 진주만의 미국 함대를 포격했지요. 3일 뒤, 독일은 일본과 연합해서 미국에 전쟁을 선포했고요.

돌연 거의 모든 동료들이 모습을 감췄습니다. 그리고 주소지가 하나같이 뉴멕시코 주 산타페의 한 사서함으로 바뀌었죠.

그 순간부터 나는 아무 얘기도 듣지 못했어요. 맨해튼 프로젝트에 참여하지 않기로 하면서 내게는 어떤 극비 정보도 전달되지 않았습니다. 게다가 전쟁이 끝난 뒤에 알게 된 사실입니다만, FBI가 내게 간첩 혐의를 두고 있었다고 하더군요. 오래 전부터 평화주의의 선봉장 역할을 했던 전력 때문이었죠.

일부 신문들은 나를 공산주의자로 몰기도 했어요. 나는 비서와 의붓딸 마르고트와 함께 1940년 10월에 미국 국적을 취득했어요. FBI와 국수주의 신문들은 나의 이런 선택을 진심으로 받아들이지 않았던 것입니다.

파울리도 프린스턴에 정착을 하게 됐어요. 파울리는 1928년부터 취리히 연방공과대학에서 가르치고 있었죠. 그 친구는 나치가 스위스를 침략할 가능성이 크다고 판단했어요. 아버지가 유태인이었던 까닭에, 파울리는 굳이 위험을 감수해가며 스위스에 남아 있을 필요는 없다고 생각했죠. 비록 파울리가 여러 차례 나를 비판하기는 했지만, 그래도 나는 그 친구가 좋았어요. 파울리는 정말로 머리가 비상한 물리학자랍니다. 아무도 모르던 중성미자라는 새로

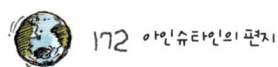
중성미자
에너지 및 운동량보존 법칙을 이론적으로 만족시키기 위해 파울리가 그 존재를 예언했다.

운 입자를 발견하기도 했고요. 우리는 종종 산책을 같이 하며, 선하신 신의 의도에 관한 아주 흥미로운 대화를 나누곤 했지요.

나는 파울리에게 내 친구 한 명을 소개했습니다. 괴델이라는 수학자였는데, 나치가 오스트리아를 병합했던 1938년에 연구소에 자리를 잡은 친구였죠.

실라르드도 우리들을 만나러 왔어요. 뉴멕시코에서 진행되고 있는 일에 관해서는 입도 뻥끗 하지 않았지만, 매우 미묘한 사안들을 자세하게 알고 있는 것으로 봐서 정부의 고위관리들과 자주 만나고 있는 게 틀림없었지요.

1943년, 맨해튼 프로젝트의 책임자들의 지시로 해군 대위 한 명이 나를 찾아왔어요. 해군은 내게 폭탄의 충격파에 관한 이론적인 연구를 의뢰했습니다. 예를 들자면, 해군에서는 어뢰 두 개를 어떤 식으로 결합할 때 효과를 가장 극대화할 수 있는가 하는 것들을 알고 싶어 했죠. 그들은 내게 일당으로 25달러를 지급했어요. 내가 도움이 되는 일을 하고 있다고 생각하니 가슴이 뿌듯하더군요. 파울리와도 이런 얘기를 했지요.

"내가 해군에 들어갔다네. 그런데 머리를 밀라고는 안 하던걸!"

파울리는 매주 목요일이면 우리 집으로 차를 마시러 왔는데, 그 자리에는 괴델 외에도 1943년에 프린스턴에 자리를 잡은 영국의 철학자 버트런드 러셀도 있었어요. 우리는 실재에 대해, 그리고 과학이 실재에 접근하는 방법론에 대해 토론을 하곤 했어요. 앞으로

괴델
불완전성의 정리(증명이 불가능한 명제도 있다)를 발표하여 논리학 및 수학기초론에 영향을 미쳤다.

언젠가는 실재를 완벽하게 기술할 수 있게 되리라고 생각하는 사람은 오로지 나 혼자밖에 없었죠. 파울리와 괴델 그리고 러셀은 이런 나를 가리켜 이상주의자라고 하더군요.

괴델은 수학 명제들 중에는 해가 없는 명제들도 있다는 것을 증명해서 유명해진 학자였어요. 다시 말해서, 완벽한 수학체계를 세우기가 불가능하다는 것인데 이것을 일컬어 '불완전성 원리'라고 합니다. 파울리는 하이젠베르크가 원자의 경우에도 이런 원리가 적용될 수 있다는 것을 증명했노라고 역설했죠.

러셀은 나보다 약간 더 나이가 많았어요. 러셀 역시 머리가 덥수룩했는데, 나와 다른 점이 있다면 머리칼에 윤기가 흐르고 덜 헝클어졌다고나 할까요. 러셀은 여러 분야에 두루 정통한 철학자였어요. 실제로 현대 수학을 창시한 인물이기도 해서, 괴델 같은 전위적인 학자들은 러셀에게 많은 신세를 지고 있었죠. 러셀은 물리학자와 수학자의 추론 방식이 같을 수 없다고 했습니다.

"괴델, 자네가 연구하는 수학체계들은 인간이 만든 것이지만 우주는 인간이 창조한 게 아니야. 아직까지 우리는 물질을 이루고 있는 본질적인 실체를 알아내지 못했지만, 언젠가는 그 실체를 알아내는 날이 올 수도 있겠지. 철학자로서의 관점에서 보자면, 그 실체를 알아낸다고 해도 크게 바뀌는 건 없을 거네. 우리의 지식이 아무리 진보한다고 해도 우리는 기본적인 물음에서 항상 막힐 테니까 말일세. 이 우주는 무엇인가? 언제 우주가 생성됐을까? 우주가 존재하는 이유는 무엇인가? 하는 의문들 말이야."

물론 우리는 전쟁 얘기도 했죠.

1943년 초에, 러시아는 스탈린그라드에서 독일을 격퇴했어요. 악몽이 서서히 끝나가는 조짐이 보였지요. 나치가 어떤 흉악한 짓들을 벌이고 있었는지는 정확히 알지 못했지만, 이미 수백만 명이 목숨을 잃었다는 사실만은 분명했죠.

매주 목요일이면 파울리, 괴델, 러셀과 차를 마셨던 것처럼, 매주 금요일이면 나와 마찬가지로 해군 쪽 일을 도와주고 있던 조지 가모브가 기밀 사항이 적힌 서류다발을 들고 나를 찾아왔지요. 나는 심혈을 기울여서 그 일에 매달렸어요. 통일장 이론은 나중으로 미뤄도 된다고 생각했죠. 나는 제1차 세계대전 당시에 네른스트와 하버가 그랬던 것처럼 폭탄을 개량하는 연구를 했습니다.

버트런드 러셀은 나와 비슷한 길을 걸어온 사람이었어요. 나를 비판하는 일부 미국 신문들은 러셀도 좋아하지 않았죠. 그들은 우리를 '망명자 아인슈타인', '나체주의자 러셀'이라고 부르곤 했어요. 러셀은 전쟁에 반대한다는 이유로 제1차 세계대전 당시에 여섯 달 동안 감옥살이를 하기도 했는데, 제2차 세계대전에 대해서는 그 필요성을 인정했습니다. 그렇다고 평화주의에 대한 소신을 버린 것은 아니었죠. 러셀은, 제1차 세계대전이 끝난 뒤 세계가 독일에게 너무나도 가혹한 처벌을 내렸기 때문에 어쩔 수 없이 독일 국민들이 나치의 수중에 들어가게 됐다고 봤습니다. 그는 독일인들을 진심으로 용서하고 그들이 자립할 수 있도록 도와야 한다고 입버릇처럼 말했습니다. 사람들은 러셀의 의견에 따를 수 없다고 말하며 이렇게 외쳤어요.

"아니, 그게 무슨 말입니까? 독일은 유럽을 파괴시키지 않았습니까! 유럽의 문명, 삶의 기쁨, 이 모든 것들이 영원히 사라지고 말았어요. 독일 국민들은 총통 뒤에서 마치 한 사람처럼 일사불란하게 움직였다고요. 독일인들은 가장 혹독한 처벌을 받아야 합니다. 그래서 다시는 이런 짓을 할 엄두를 내지 못하게 해야 됩니다."

유럽에서 쫓겨난 사람들은 학자들뿐만이 아니었지요. 나는, 프랑스에서 탈출해서 프린스턴 대학에서 강의를 하고 있던 로버트 카자드쥐와 가비 카자드쥐라는 피아니스트들과 연주를 하곤 했죠. 두 사람은 역시 프린스턴에 정착한 작곡가인 바흐슬라브 마르티누

"나는 평화주의자입니다." 177

를 내게 소개해 줬어요. 마르티누는 원래 체코인이었지만 파리에서 살았다고 하더군요. 우리 두 사람은 서로를 정말로 좋아해서, 마르티누가 나를 위해 마드리고 스탠시스라는 이름이 붙은 쉬운 소곡 다섯 편을 작곡했을 정도였지요. 그 답례로 나는 당시에 내가 발표한 논문을 마르티누에게 바쳤습니다.

1943년 초입에 보어가 나를 찾아왔습니다.

"코펜하겐에서 어떻게 빠져나왔나?"

"아들과 같이 탈출했습니다. 내 배로 덴마크와 스웨덴 사이에 있는 해협을 건넜어요. 영국에서 우리 둘을 위해서 스웨덴으로 비행기를 보내줬고요. 존 베이커라고 하는 이름으로 가짜 여권까지 만들어 주던걸요. 미국이 내가 비밀계획에 참여하기를 원한다고 하면서 말입니다. 이런 말은 선생님은 물론이고 아무한테도 하면 안 되는 얘깁니다만……."

"벌써 그 정도는 훤히 꿰고 있다네. 시카고에서 페르미가 제어된 핵연쇄반응을 일으키는 데 성공했네. 내 기억이 정확하다면 1942년에 말이지. 중성자를 감속시키기 위해서 우라늄 봉들을 흑연 봉들 사이사이에 끼워 넣어서 말이야. 그런 뒤에 다들 사막으로 떠났고. 이보게, 보어. 나는 너무 불안하다네……. 다음 번 전쟁은 이번 것보다 훨씬 더 끔찍할 거야. 모든 나라가 이 새로운 무기를 소유한다고 한번 상상해 보게……. 학자들이 뭉쳐서 정치인들의 경각심을 일깨워 줘야 해."

"저도 같은 생각입니다. 일전에 윈스턴 처칠과 만날 기회가 있었고 그 뒤에는 루즈벨트 대통령도 만났는데 말입니다. 제가 그 계획에 대해서 약간이라도 회의적인 얘기를 했다가는 당장에 기피인물이 될 것 같다는 느낌을 받았습니다."

"내가 바로 그런 처지 아니겠나. 그들은 내가 평화주의자라는 사실을 똑똑히 기억하고 있거든."

"정치인들은 우리가 러시아로 정보를 유출할까 봐 겁을 내고 있습니다. 안타깝지만 이번 비밀 계획은 이미 학자들의 손을 떠났습니다. 처음에는 독일을 앞지르는 게 문제였죠. 독일은 거의 포기한 상황이라고 얘기를 했건만, 제 말을 들은 척도 안 하더군요. 제가 하이젠베르크한테서 어떤 얘기를 들었는지 아세요? 그 친구가 코펜하겐으로 저를 만나러 왔었거든요. 하이젠베르크 얘기로는, 중수와 흑연을 감속제로 사용하는 우라늄 238의 원자로 건설을 상부에다 제안했다고 하더군요. 하이젠베르크가 원한 것은 전기 생산이었어요. 연합군의 항구봉쇄 때문에 독일이 석유를 수입하지 못하고 있는 실정이거든요."

"다시 말해서, 그 말은 하이젠베르크가 우라늄을 평화적으로 이용하려고 한다는 얘긴데…… 자네는 그 친구 말을 믿나?"

"하이젠베르크는 제 조수였어요. 저는 그 친구를 잘 압니다. 정직한 친구예요. 하이젠베르크는 여러 가지 상황들을 곰곰이 따져보더니 베를린에 남아야 한다고 결론을 내렸어요. 젊은 물리학자들과 함께 연구를 하면서 먼 미래를 준비해야 한다고 말입니다.

전쟁이 끝나고 나면 독일을 재건하는 일을 맡아야 한다고요. 하이젠베르크는 공포 속에서 살고 있었어요. 이 친구가 지금 엄청난 고통을 겪고 있다는 느낌이 들더군요…….

어찌됐건, 하이젠베르크가 원자폭탄의 재료가 되는 플루토늄 239를 만들어 내는 원자로를 개발한 것은 사실입니다. 하지만 다행히, 원자폭탄을 제조하려면 적어도 3, 4년은 걸린다는 계산이 나왔다고 해요.

군에서는 여섯 달 안에 실행할 수 없는 계획은 수락하지 않는다는 사실을 잘 알고 있던 하이젠베르크는 그래서 안심하고 그 결과를 상부에 보고했다고 하더군요."

1944년에는 소련군이 계속해서 서쪽으로 진격해 나갔습니다.

6월 6일, 미국과 영국은 노르망디에 상륙했고요. 이제 독일이 전쟁에서 승리할 가망성이 희박하다는 것은 확실했습니다.

1945년 3월 25일, 사랑하는 실라르드가 다시 나를 찾아왔어요.

"뉴멕시코 사막에서 하고 있는 일은 잘 되고 있나?"

"그쪽 일에 대해서는 아무 말씀도 드릴 수가 없네요, 아인슈타인 선생님. 그러니까 그게…… 아니요, 사실 문제가 좀 있습니다. 일전에 선생님께서 루즈벨트 대통령에게 편지를 보냈던 일, 기억하시죠?"

"물론이지."

"선생님께서는 대통령에게 빨리 독일을 앞질러야 한다고 경고를 하셨지요. 하지만 독일이 폭탄 제조를 포기했고 전쟁에서도 패색이 짙은 상황에서, 그 연구를 계속할 까닭이 어디 있겠어요?"

"그렇게 생각한다니 자네는 역시 존경할만한 친구로군. 작년에 보어와도 그 문제를 놓고 얘기를 한 적이 있었지.

듣자하니, 그 비밀계획의 책임자들이 학자들의 의견에는 관심이 없다던데."

"바로 그렇습니다. 정확히 짚으셨어요. 군인들은 이 일을 끝까지 밀어붙이고 싶어 해요."

"새 장난감을 시험해 보고 싶어서 안달이 난 모양이군."

"정말입니다. 그들은 전쟁이 끝나지 않았다는 둥, 일본을 완전히 쳐부숴야 한다는 둥 그런 말들을 하고 있어요."

"일본은 독일과는 다른데. 무엇보다 그런 무기는 만들고 있지도 않고 말이야."

"거기에 대해서는 우리도 아는 바가 없어서……. 어쨌든, 일본은 독일보다 석유와 전기가 턱없이 부족해서 7, 8년 안에는 폭탄을 만들 수 없어요.

군인들이 일본을 두려워하지 않는다는 게 몇몇 동료들과 제 생각입니다. 그들이 겁을 주고 싶어 하는 국가는 소련이에요. 미국이 얼마나 강력한지 보여주고 싶은 거죠."

"자네 말은, 단순히 러시아에 경고를 하려고 일본에다 그 폭탄을 떨어뜨리려고 한다는 건가?"

"아인슈타인 선생님, 군인들이 그런 정신 나간 짓을 하기 전에 누가 나서서 그들을 막아야 합니다. 제가 선생님을 찾아온 건, 선생님께서 루즈벨트 대통령에게 다시 편지를 써 주셨으면 해서……."

나는 다시 백악관으로 편지를 보내기 위해 펜을 들었습니다.

대통령 각하,

실라르드 박사가 관여하고 있는 연구의 규정상, 저는 자세한 연구 내용에 관해서는 알 수 없는 위치에 있습니다.

제가 아는 사실은, 이 연구를 수행하고 있는 학자들과 정치적인 결정권이 있는 정부 관리들 사이에 원활한 대화가 이루어지지 않고 있다는 점으로 인해 실라르드 박사가 불안해하고 있다는 점입니다.

이런 상황에서 제가 해야 할 마땅한 의무는, 대통령께서 실라르드 박사를 만나 그의 말을 경청해 주시기를 청하는 것이라고 생각하는 바입니다.

솔직히 말해서 나는 오래 전부터 일이 이렇게 되리라고 예감하고 있었지만, 모르는 척 눈을 감고 있어야만 했어요. 군인들이 정말로 어리석다는 사실은 실라르드도 나도 모르지 않았고, 따라서 미국의 기밀을 내게 누설했다고 그들이 실라르드를 비난하리라는 것은 충분히 짐작할 수 있는 일이었죠.

검은 버섯 구름

전쟁이 끝나고 뉴멕시코에서 돌아온 친구들이 전하는 말로는, 당시 학자들 간에 격렬한 논쟁이 벌어졌다고 하더군요. 학자들 중 일부는 독일의 위협이 사라진 이상, 연구를 계속할 필요가 없다고 봤어요. 일부는 호기심 때문에 연구를 계속하고 싶어 했고요. 정말로 폭발적인 연쇄반응이 가능한지 알아보고 싶었던 것이죠. 세 번째 부류는 기다려야 한다고 주장했어요. 그들이 제작 중에 있던 작고 조잡한 폭탄을 일본에다 떨어뜨리는 것은 그만두고, 극비리에 연구를 계속해서 그 다음 단계로 넘어가자는 것이었죠. 그러면 보다 정교한 폭탄을 완성할 수 있다고 말입니다. 아마도 수소폭탄을 말하는 것이었겠죠. 가공할 위력을 지닌 수소폭탄을 만들어 낸다면, 세계는 반드시 평화를 선택할 수밖에 없으리라는 것이 그들의 생각이었습니다.

실라르드가 첫 번째 부류에 속했는지 아니면 세 번째 부류에 속했는지 나로서는 확실히 모르겠어요. 대통령 앞으로 보낸 실라르드의 편지는 극비에 속하는 것이라, 내가 읽어서는 안 됐기 때문이었죠.

전쟁이 끝난 뒤 실라르드는 평화주의자로서의 소신을 강력하게 피력했지만, 일부에서는 실라르드가 수소폭탄을 만들고 싶어 했다는 험담이 돌기도 했어요. 진실이 어떻든 간에, 실라르드는 결국 루즈벨트 부인과 같이 얘기를 나눌 기회를 만들 수 있었어요. 하지만 군인들이 두 사람의 대화를 감시하고 있었던 까닭에 자신의 생각을 전할 수는 없었던 모양입니다. 루즈벨트 부인은 실라르드에게 1945년 5월 8일에 다시 만나자고 약속했어요. 하지만 그보다 며칠 앞서서 1945년 4월 12일에 루즈벨트 대통령이 그만 세상을 떠나고 말았답니다.

부통령이었던 트루먼은 맨해튼 계획에 대해서는 전혀 모르고 있었죠. 대통령직을 승계한 뒤, 트루먼은 실라드르를 만났고 실라르드가 쓴 편지도 읽었어요. 그러나 아무것도 모르는 상황에서 잘못된 판단을 내릴지도 모른다는 우려 때문에, 트루먼은 실라르드를 미 국무장관이었던 번즈에게 보냈지요. 번즈는 실라르드의 말을 공손하게 경청한 뒤, 아주 공손하게 돌려보냈어요.

나는 몇 년 전부터 여름휴가를 보내곤 했던 사라낙 호수로 떠났어요. 8월 6일 저녁, 비서가 방문도 두드리지 않고 서재 문을 벌컥 열더군요. 아주 이례적인 일이었죠. 비서의 얼굴은 겁에 질려 있었어요.

"교……교수님, 방금 라디오에서 들었는데요……."

"무슨 일이야? 라디오에서 뭘?"

"일본에다 폭탄을…… 새로운 종류의 폭탄을 투하해서 도시가 완전히 파괴됐대요!"

"맙소사! 결국……."

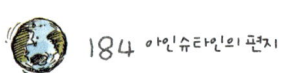

"나는 평화주의자입니다." 185

히로시마를 강타한 폭탄의 폭발력은 우라늄 235의 핵분열에서 나온 것이었어요. 미국은 8월 9일에 다시 나가사키에 두 번째 폭탄을 투하했습니다. 두 번째 폭탄은 우라늄 대신 플루토늄에서 일어나는 핵반응을 이용한 것이었지요. 그것은 하이젠베르크가 독일에서 생각해냈던 도식과 동일했습니다. 군인들은 그것들을 둘 다 사용해 봄으로써 두 가지 기술을 비교해 보고 싶었던 거라고 나는 생각했어요.

8월 11일, 한 신문 기자가 호수까지 나를 찾아왔습니다. 그 기자는 전 세계를 떨게 한 엄청난 공포로부터 아직까지 헤어나지 못하고 있는 듯했습니다.

"원자력, 더 적당한 명칭으로는 핵에너지라고 부르는 것을 개발하기 위해서, 과학자들은 내가 모르는 어떤 초자연적인 방법을 사용하지는 않았습니다. 그들은 그저 태양을 모방했을 뿐이지요. 사라낙 호수에서 내 배를 밀어서 움직이는 저 바람처럼, 핵에너지도 지극히 자연적인 것입니다."

"아인슈타인 교수님께서는 이번 계획에 참여하셨나요?"

"전혀요. 그 폭탄에 대해서는 전혀 관심이 없습니다. 아니 어쩌면 약간은 관심이 있다고 해야 할지도 모르겠군요. 어느 쪽이든, 내가 그 문제에 대해 대답을 해야 할 이유는 전혀 없습니다. 미래에는 우리가 핵에너지를 전기 생산과 같은 상업적인 용도로 사용할 수 있게 되기를 바랄 뿐입니다."

그 해 말경, 정부의 한 기관에서 원자폭탄이 제조되기까지의 과정을 기록한 공식문서를 발표했는데, 이 안에 루즈벨트 대통령에게 보낸 내 첫 번째 편지가 들어가 있었어요. 사람들은 연구팀을 총지휘했던 오펜하이머는 물론이고 실라르드, 페르미, 위그너, 텔러, 폰 노이만은 몰랐지만, 아인슈타인은 알았죠……. 곧바로 사람들은 나를 '원자폭탄의 아버지'로 생각했어요.

일부 학자들이 폭로한 사실에 따르면, 그들은 일본에 대한 경고용으로 도시 대신에 일본군도 내의 무인도에다 폭탄을 투하하자고 군을 설득했었다고 합니다. 그 사실을 알았더라면 나도 그들에게 동참했을 것이라고 나는 신문기자들에게 말했습니다. 세계 정부가 핵연구를 책임지게 하자는 제안도 내놓았어요. 《핵전과 평화》라는 제목으로 책도 썼습니다. 실라르드가 주축이 돼서 설립한 '원자물리학 긴급위원회'를 지지하고 그 위원회의 회장을 맡기도 했지요. 하지만 이런 노력은 모두 물거품이 되고 말았습니다. 에드워드 텔러의 책임 하에 수소폭탄에 대한 연구가 시작됐고, 아무도 그들을 막을 수 있을 수 없었지요.

히로시마에 투하한 폭탄이 기본적으로 우라늄의 핵분열에 기초한 것이라면, 수소폭탄은 태양처럼 수소의 핵융합을 이용해서 에너지를 방출하는 것입니다. 핵융합 반응을 일으키는 데는 우라늄 폭탄 여러 개가 사용되지요. 폭탄의 위력은 가히 엄청나다고 할 수 있습니다. 소련은 조만간 이 무시무시한 무기를 만들어 내게 될 것

핵융합
몇 개의 가벼운 원자핵이 핵반응에 의해 무거운 원자핵으로 변하는 상태.

이며, 다른 나라들도 그 뒤를 잇게 되겠지요. 내가 수소폭탄 제작을 막아야만 한다고 주장하는 것은 바로 이래서입니다. 인류가 멸망으로 치닫지 않기를 바란다면, 페기 학생도 반대운동에 동참해야 할 것입니다.

파울리와 러셀은 유럽으로 돌아갔습니다. 1946년, 우리는 파울리를 위해서 조촐한 송별회를 열었지요. 어찌나 슬프던지. 작별 인사를 하던 중 나는 말했죠. 파울리가 마치 내 영적인 자식 같이 여겨지노라고. 괴델은 미국에 남았어요. 나와 빈번하게 만난 영향으로, 1947년부터 괴델은 일반상대성 방정식들을 단순화시키는 연구를 하기 시작했죠.

나도 미국에 남았습니다. 하지만 내 자신이 완전한 미국인이 됐다고는 느껴지지 않아요. 페기 학생, 예전부터 나는 미국인들이 지나치게 가볍다는 인상을 받아왔어요. 자유를 사랑하면서도 한편으로는, 같은 선동적인 정치가에게 끌려서 그들이 공산주의자라고 비난하는 사람들을 덩달아서 같이 공격하지요. 상원의원의 측근들 중에는 내가 평화주의를 주장한다는 것 때문에 미국 국적을 박탈해야 한다고 말하는 사람들도 있다고 들었습니다. 어떤 학자가 평화를 주장하면서 군비 경쟁에 반대하는 기미가 보이면, 사람들은 그 즉시 그 학자에게 러시아로 원자폭탄의 비밀을 넘겼다는 혐의를 뒤집어 씌웁니다. 참으로 어리석기도 하죠. 히로시마에 원자폭탄이 터지는 순간, 이미 비밀은 누설된 것을……. 러시아인들은 독자적으로 원자폭탄을 만들어내는 데 성공했어요. 조만간 전 세계가 러시아의 뒤를 이을 것입니다.

나는 내가 태어난 조국이 두렵습니다. 그런 마음이 드는 것을 나로서도 어쩔 수가 없어요. 나는 절대로, 독일로 돌아가지 않을 겁니다. 내 동포들을 죽인 사람들 속에서 어떻게 태연히 걸어다닐 수 있겠어요? 그들은 화학자들이 만든 가스를 사용해 수백만에 이르는 남녀노소를 학살했습니다. 나는 하이젠베르크에게 이런 편지를 보냈죠.

사실, 독일인들의 범죄는 소위 문명국이라고 불리는 나라들의 역사상 가장 끔찍한 것이네. 독일 지식인들의 태도는 대중들과 다를 바가 없었지. 더구나 대대적인 학살이 끝난 뒤에도 어떤 뉘우침의 말, 아니 속죄의 기미조차도 없으니. 이런 상황에서 독일로 돌아가 일상적인 삶을 산다는 것은 혐오스러울 따름이야. 내가 더러워질까 무섭네.

1947년, 막스 플랑크 교수가 세상을 떠났어요. 플랑크 교수는 나와 가까운 친구였고 곧은 사람이었습니다. 나치에 항거하지 않았지만, 나와는 처한 상황이 달랐지요. 그는 많은 고통을 겪었답니다. 장남은 제1차 세계대전 때 전사했고, 막내아들은 반 히틀러 음모에 가담해서 처형을 당했으니. 플랑크 교수가 1933년에 히틀러와 만나고 난 뒤에 적은 글이 나왔어요.

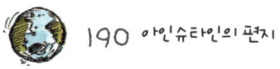

나는 히틀러에게 유태인 교수들을 쫓아내는 일은 대학을 망치는 행동임을 설득하려고 애를 썼다. 하지만 대화 자체가 불가능했다. 히틀러는 자신의 강박관념 속에 갇혀서 현실과 단절돼 있었다.

그는 말도 안 되는 똑같은 얘기를 반복하며 계속해서 내 말을 가로막았다. 히틀러는 독일을 무서운 재난 속으로 끌고 들어갈 것이다. 자기 자신이 강박관념에 끌려 다니고 있는 까닭에, 히틀러에게는 이제 사회의 흐름을 결정할 힘이 없다.

이미 눈사태는 일어나기 시작했다. 아무도 그것을 막을 수 없으리라. 내가 사퇴하든 사퇴하지 않든, 그것은 어떤 것도 바꿔놓지 못할 것이다.

편지를 마치며

현재 나는 훌륭한 동반자 세 명과 함께 살고 있어요. 내 누이 마야, 의붓딸 마르고트 그리고 비서인 헬렌 두카스. 아, 우리 고양이 타이거를 잊을 뻔했네요!

마야는 건강이 좋지 못해요. 함께 산 이후로 우리 두 사람은 아주 가까워졌지요. 그래서 더욱 더 가슴이 아프네요. 내 건강도 최상이라고 하기는 어려워요. 2년 전에 수술을 받았는데, 위장 통증의 원인이 그 때 밝혀졌죠. 제거가 불가능한 거대한 대동맥류가 있다고 하더군요. 20년 넘게 이것과 함께 살아왔으니 앞으로도 몇 년은 더 살 수 있겠거니 생각하고 있습니다. 비록 내가 좋아하는 파이프 담배도 포기해야 하고, 감자를 소금없이 먹어야 하고, 차에는 설탕도 넣지 못하지만······.

한 신문 기자가 묻더군요. 내가 무엇을 믿느냐고. 나는 '인류의 우애'를 믿는다고 답해 주었죠. 사실, 인류에 대한 내 믿음은 바흐와 모차르트를 일상적으로 접한 결과랍니다.

예전에 파울리가 나를 가리켜 파우스트 박사에 비유했던 일이 생각나는군요. 나는 위대한 비밀을 찾고 있어요. 그리고 냉혹한 시대에 맞서 싸우고 있습니다. 어떤 이들은, 내가 루즈벨트 대통령에게 보내는 편지에 서명을 하는 순간, 악마에게 영혼을 팔았다고 비난합니다. 최소한, 나의 사랑하는 여인 마르게리트는 찾았지요······.

이 장문의 편지를 페기 학생에게 보내게 될 것 같지는 않군요. 하지만 쓰기를 잘 했다는 생각이 들어요. 무심결에 페기 학생은 내가 내 운명을 받아들이도록 도와 줬답니다. 고마워요, 페기 학생!

1950년 6월 11일, 프린스턴에서.
아인슈타인

마르게리트
악마에게 영혼을 판 파우스트 박사에 의해 파멸되는 순결한 여인이자 파우스트 박사를 구원해 주는, 영원한 여성상을 상징하는 인물.